JN012244

フード・アナトミー

食の解剖図鑑

世界の「食べる」をのぞいてみよう

文・絵：ジュリア・ロスマン

協力：レイチェル・ウォートン

訳：神崎朗子

FOOD ANATOMY
The Curious Parts & Pieces of Our Edible World
by
Julia Rothman

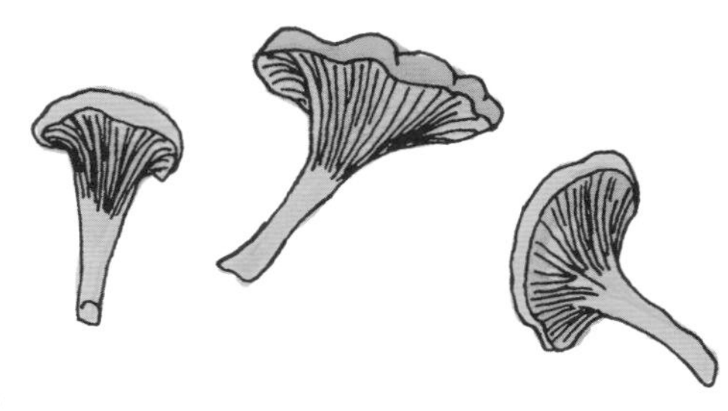

サニーへ

あなたのおかげで、私はポーチドエッグとアボカドの
本物の朝食をとるようになった。
あなたの作るレンズ豆のスープは最高においしくて、
ピザの生地を空中で回す手つきもプロ並み。
あなたの案内でフィンランドの森をめぐり、アンズタケを採った。
たくさんのおいしい冒険に連れていってくれて、ありがとう。

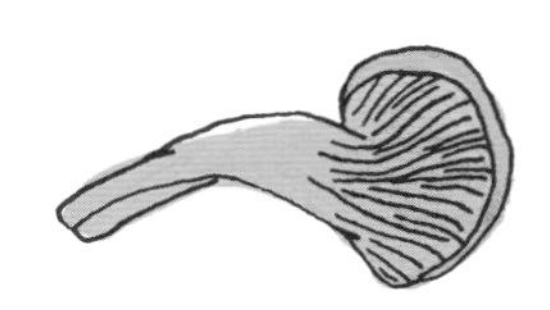

CONTENTS

両親は仕事から帰ってくると、私と姉のために盛りだくさんの夕食を作ってくれました。いま思い返すと、両親が家族の食卓をどれだけ大切にしていたかがよくわかり、ありがたい気持ちでいっぱいになります。夕方6時には、家族全員でオーク材の大きな円テーブルを囲み、会話を交わしながら夕食をとりました。メニューはセサミ・ピーナッツ・ヌードルや、豆腐のパン粉焼きや、私の好物のヌードル・プディング（代々受け継がれてきたユダヤ人の伝統的な料理、95ページ参照）や、父の好物のビア缶チキンなど（ビール缶にまたがった丸鶏の姿を、いやおうなく目にすることになります。あの何ともけったいな恰好を、父が見飽きることはないのでした）。私の役目といえばテーブルセッティングや、後片付けや、サラダ作り。あとは、朝食に簡単なオムレツやパンケーキをたまに作るくらいで、料理の手伝いをしたいとはあまり思っていませんでした。

大学生のころはお金がなかったので、コストコでカップヌードルを大量にまとめ買いして、安く、手早く食事をすませていました。クレジットカードのポイントが貯まったときだけカフェテリアに行って、お皿にあふれんばかりの料理を盛り付けました。大学を卒業してブルックリンに引っ越してからは、いくらか稼げるようになったので、いつも外食をしていました。近所の一角を歩くだけで、イスラエル料理からベトナムやギリシャの料理まで、世界中の料理が安く食べられたのです。数年前に料理の宅配を注文できるアプリが登場してからは、スマートフォンで手軽に支払いもでき、20分後には料理が届くようになりました。赤キャベツのコールスローを添えたファラフェル［ヒヨコ豆のコロッケ］や、スパイシー豆腐のバインミーや、ドルマ［米やひき肉などをブドウの葉に包んで蒸したもの］やレブニ［ヨーグルトから作るチーズ］を添えた地中海風ビッグサラダなど、いろいろです。

私が料理に興味をもつようになったのは、およそ7年前、このシリーズの最初の本、『Farm Anatomy』（未邦訳）の執筆に取りかかったころです。私は肉を食べるのをやめ、旬の果物や野菜をとるように心がけました。ブルックリンのグランド・アーミー・プラザにある、自宅のアパートメント近くのファーマーズ・マーケットをこまめにのぞき、地元のオーガニックの農産物を買うようになりました。そうなると、料理をする回数が自然と増えました。買った食材を調理しなければならないからです。電子レンジを処分して、日本製の切れ味のよい包丁を買いました。そして、インターナショナル・カリナリー・センターのヴィーガン料理のクラスに通って、いくつかの調理法を覚えました（ある料理を作っていたときは、うっかり指先をすりおろしてしまったので、完全にはヴィーガン料理と呼べないものになってしまいましたが！）。

料理に関してはいまだに初心者の私ですが、食に関しては初心者ではありません。本書のおかげで、食の世界をさらに探求することができました。イラストに描いたものは、ほとんど実際に食べました。いろいろなアジアのマーケットに出向いては、ナガイモを買って帰り、すりおろしてパンケーキに加えてみたり、生ワサビの根をすりおろしたり。ドラゴンフルーツやツノニガウリも食べましたが、ドリアンだけはどうしても食べる気になれませんでした（強烈な匂いで有名ですが、実際にどうなのか確かめてみようと思って、ほんの少し切り取ってみました。匂いを嗅ごうとしたものの、ほんのちょっぴりの果肉を顔に近づけることすらできません。私はヒステリックに笑い出し、息が詰まりそうになりました）。

本書の執筆中に旅に出るたび、新しい料理に出会う機会に恵まれました。オランダのアムステルダムでは何種類ものチーズを味見しました。貯蔵庫で何年も熟成されたチーズは、古い水車小屋で醸造されたビールにぴったり。ウガンダでは、朝食にマトケ［デンプン質の多いバナナ］やロレックス（チャパティという薄焼きパンと薄焼き卵に、トマトなどの具を乗せて巻いたもの）を食べました。フィンランドでは、百年ものの発酵種を使った伝統食のライ麦パンの作り方を習いました。自分でトウヒの木材を削って作ったヘラで、パン生地を混ぜたのです。イチゴ農園を訪ねたときは、これまで食べたなかで最高に甘いイチゴを摘みました（日照時間が長い時期に太陽の光をたっぷり浴びて育つため、際立って甘くなるのだそう）。冬には、雪に覆われた森を歩いてアンズタケを採り、大晦日にはそれをピザのトッピングにしてお祝いしました。

先日の感謝祭のとき、私はかつてないほどはりきって、料理に腕を振るいました。両親と姉をブルックリンの私の狭いアパートメントに招いて、一緒にお祝いをしたのです。電話の向こうで、母がびっくりして言いました。「え、ターキーを用意しないの？ ほんとに？　念のため、私が料理して、そちらにもっていくっていうのはどう？」

大丈夫、ごちそうを作るから、と母には言ったものの、自信があったわけではありません。私が用意したメニューは、ココナッツミルクベースのレンズ豆のスープ、ケールとスペルト小麦のサラダ、クリーミーポテト、カボチャのロースト、芽キャベツのシラチャーソース［トウガラシの辛みにガーリックの旨みと酸味の効いたタイのチリソース］、それにデザートのスイートポテトパイです。驚いたことに、家族のみんなは「わあ、ほんとにすごくおいしい」「ふつうの感謝祭の料理よりもおいしいね」と言ってくれました。

今回の執筆のパートナーは、レイチェル・ウォートンです。まだまだ知識の足りない私ですが、料理の世界に精通している彼女のおかげで助かりました。彼女は惜しみなく知識を共有してくれ、知らないことはしっかり調べてくれました。私たちは思いつく限り、ありとあらゆるテーマを取り上げようと意気込んでいました。とはいえ、そんなことは到底無理であり、私たちが面白いと思ったものを集めてイラストで紹介できるのは、豊かな食の世界のほんの一部にすぎません。

この本の仕事をしていると、いつも信じられないほどお腹が空きました。撮りためた写真を眺めたり、イラストを描く参考にインターネットで料理の画像を検索したりしていると、思わず席を立って冷蔵庫を開け、いま見た料理を自分で実際に作らずにはいられませんでした。どうしようもないほど食欲旺盛で、体重が増えてしまったので、ついにこの本の仕事が終わって、やせられると思うとうれしいです。

本書から刺激を受けたみなさんが、もっといろいろな料理を作ってみたくなり、自分が食べるものにますます好奇心をもって、食の冒険を楽しんでくださいますように。私も冒険を続けます。

それではまた！

Julia Rothman

ジュリア・ロスマン

本文中の［ ］は訳注を表す

フィンランドのラウタランピにある
クースラフティ イチゴ農園にて
GOUACHE
SHELL PINK
GOUACHE
AQUA BLUE
Kuuslahti Strawberry Farm in Rautalampi, Finland
WINSOR
&
NEWTON
Designers
GOUACHE

CHAPTER 1
Food for Thought
思考の糧

紀元前5500年
南米でピーナッツが
栽培される。
5500BCE
紀元前80000年
メキシコのオアハカで
スクワッシュ［カボチャの
総称］が栽培される。
80,000 BCE
紀元前50000年
イラク北部の考古遺跡シャニダール洞窟には、
野生のデーツの種や松の実、クルミ、
ドングリ、クリなど、原始人たちの
食生活の痕跡が残っている。
50,000BCE
8000-5000BCE
紀元前
8000～5000年
ペルーアンデス山脈で
ジャガイモが栽培
される。
A Brief History of Food
食物の略史
6000-4000BCE
紀元前6000～4000年
メキシコのオアハカで
トウガラシが栽培される。
紀元前5000年
トウモロコシの原種や
さまざまな在来種の穀物が、
メキシコをはじめとする
中米各地で栽培される。
5000 BCE

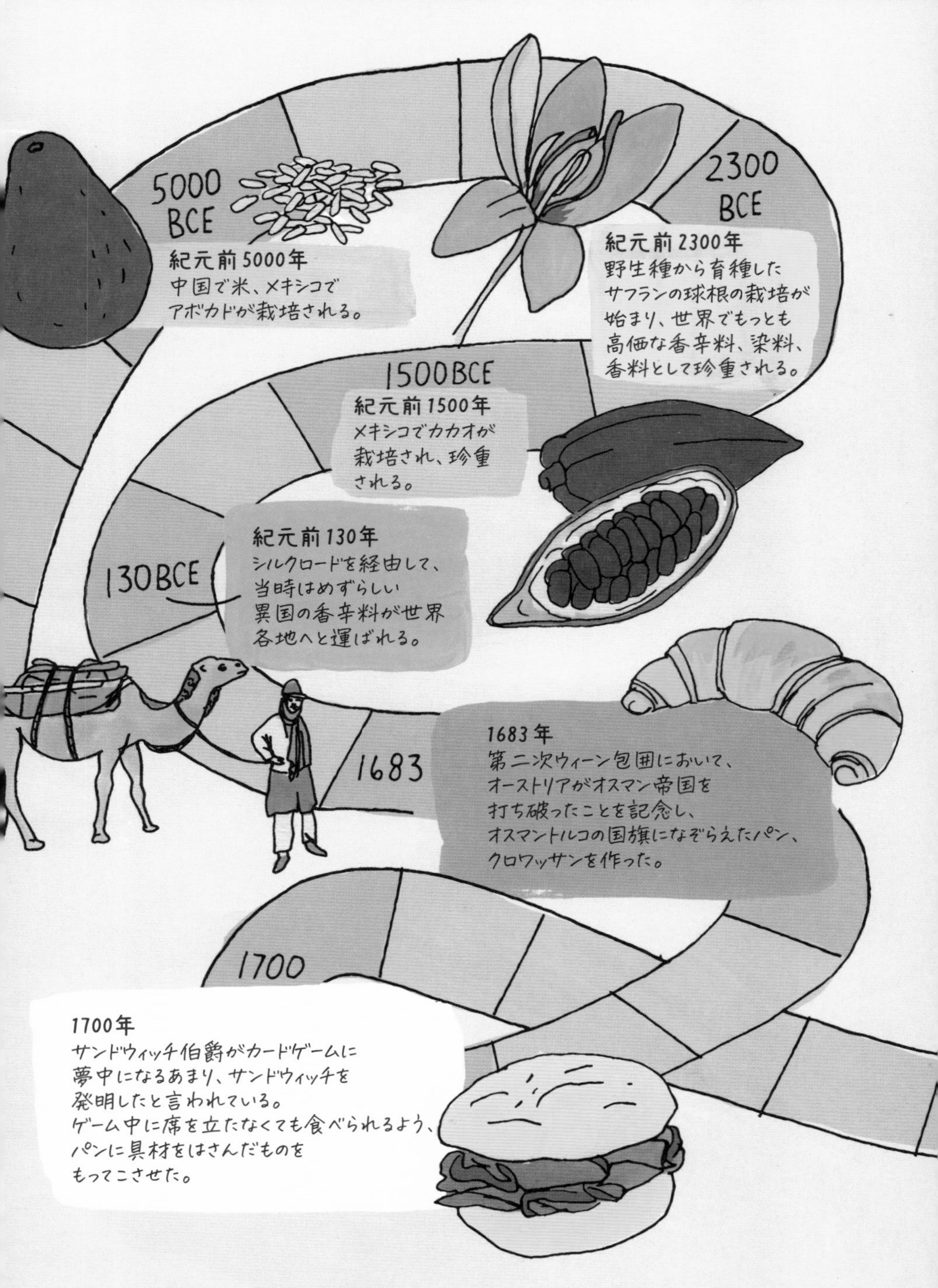
5000 BCE
紀元前5000年
中国で米、メキシコで
アボカドが栽培される。
2300 BCE
紀元前2300年
野生種から育種した
サフランの球根の栽培が
始まり、世界でもっとも
高価な香辛料、染料、
香料として珍重される。
1500BCE
紀元前1500年
メキシコでカカオが
栽培され、珍重
される。
130BCE
紀元前130年
シルクロードを経由して、
当時はめずらしい
異国の香辛料が世界
各地へと運ばれる。
1683
1683年
第二次ウィーン包囲において、
オーストリアがオスマン帝国を
打ち破ったことを記念し、
オスマントルコの国旗になぞらえたパン、
クロワッサンを作った。
1700
1700年
サンドウィッチ伯爵がカードゲームに
夢中になるあまり、サンドウィッチを
発明したと言われている。
ゲーム中に席を立たなくても食べられるよう、
パンに具材をはさんだものを
もってこさせた。

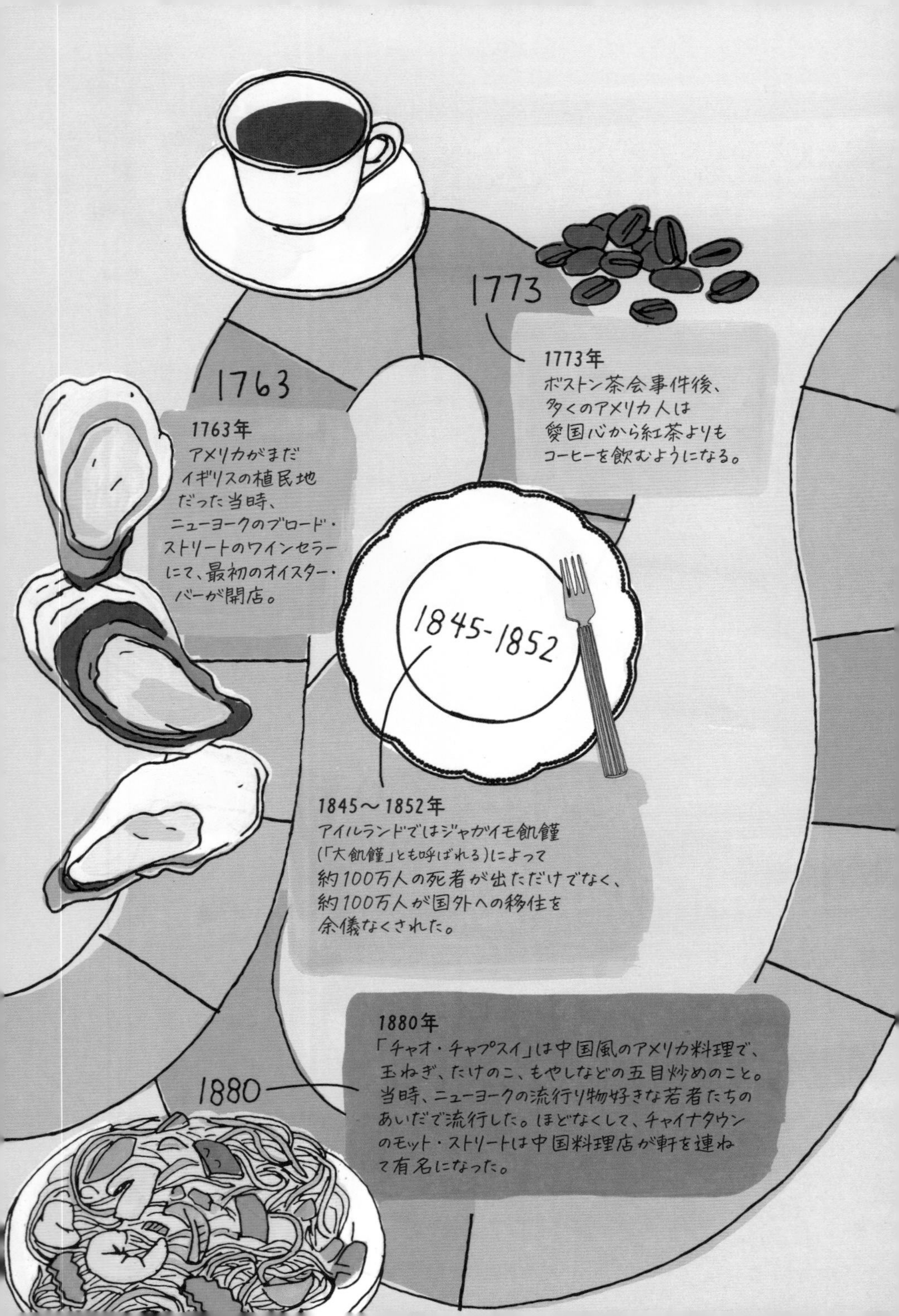
1773
1773年
ボストン茶会事件後、
多くのアメリカ人は
愛国心から紅茶よりも
コーヒーを飲むようになる。
1763
1763年
アメリカがまだ
イギリスの植民地
だった当時、
ニューヨークのブロード・
ストリートのワインセラー
にて、最初のオイスター・
バーが開店。
1845-1852
1845～1852年
アイルランドではジャガイモ飢饉
(「大飢饉」とも呼ばれる)によって
約100万人の死者が出ただけでなく、
約100万人が国外への移住を
余儀なくされた。
1880
1880年
「チャオ・チャプスイ」は中国風のアメリカ料理で、
玉ねぎ、たけのこ、もやしなどの五目炒めのこと。
当時、ニューヨークの流行り物好きな若者たちの
あいだで流行した。ほどなくして、チャイナタウン
のモット・ストリートは中国料理店が軒を連ね
て有名になった。

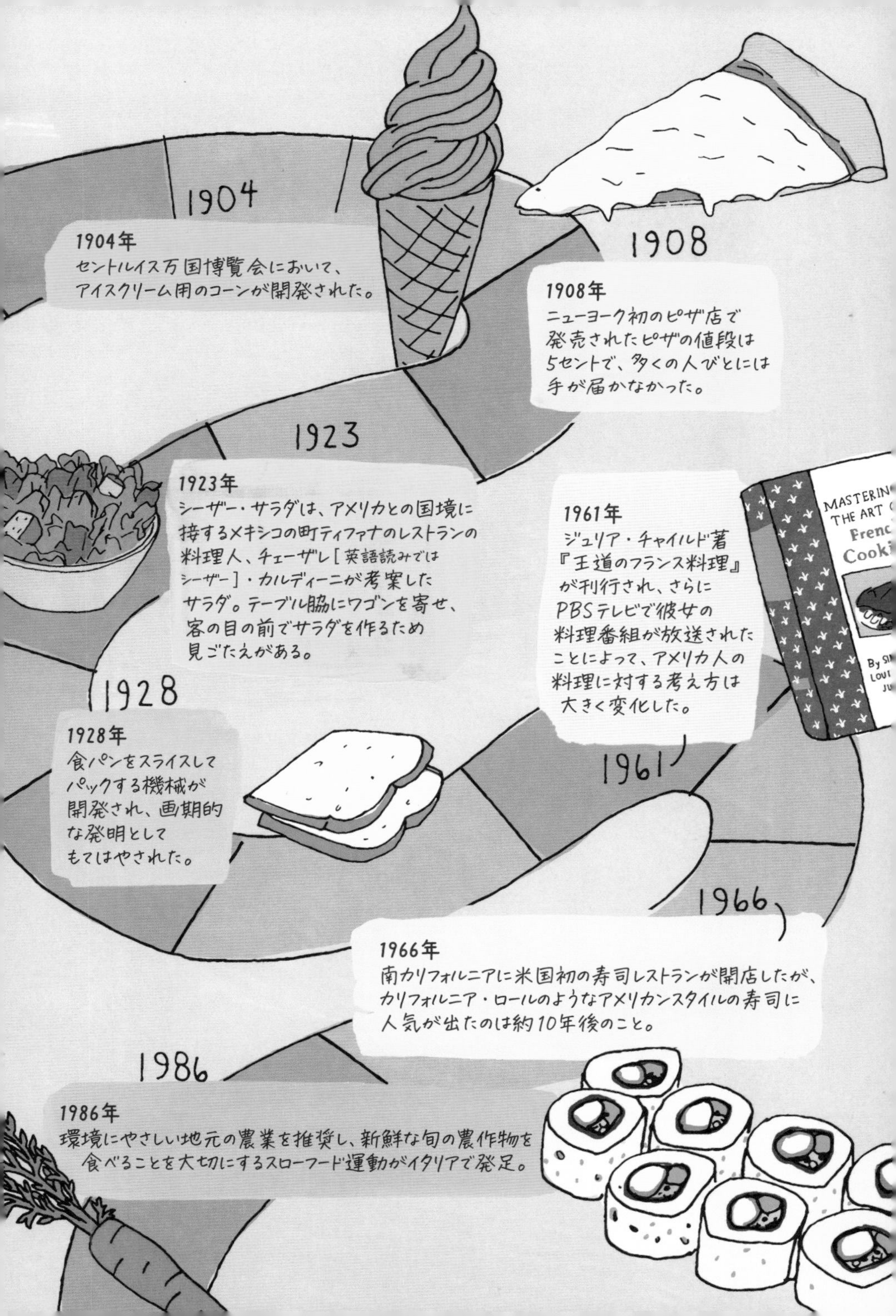
1904
1904年
セントルイス万国博覧会において、
アイスクリーム用のコーンが開発された。
1908
1908年
ニューヨーク初のピザ店で
発売されたピザの値段は
5セントで、多くの人びとには
手が届かなかった。
1923
1923年
シーザー・サラダは、アメリカとの国境に
接するメキシコの町ティファナのレストランの
料理人、チェーザレ［英語読みでは
シーザー］・カルディーニが考案した
サラダ。テーブル脇にワゴンを寄せ、
客の目の前でサラダを作るため
見ごたえがある。
1961年
ジュリア・チャイルド著
『王道のフランス料理』
が刊行され、さらに
PBSテレビで彼女の
料理番組が放送された
ことによって、アメリカ人の
料理に対する考え方は
大きく変化した。
MASTERIN
THE ART
Frenc
Cooki
1928
1928年
食パンをスライスして
パックする機械が
開発され、画期的
な発明として
もてはやされた。
1961
1966
1966年
南カリフォルニアに米国初の寿司レストランが開店したが、
カリフォルニア・ロールのようなアメリカンスタイルの寿司に
人気が出たのは約10年後のこと。
1986
1986年
環境にやさしい地元の農業を推奨し、新鮮な旬の農作物を
食べることを大切にするスローフード運動がイタリアで発足。

A FEW TASTY WORDS TO KNOW
おいしさの表現

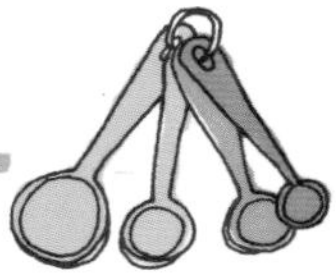

acerbic. [アサービック] 酸っぱい、渋い

ambrosial. [アンブロージャル] うっとりするような風味や香りのする

brackish. [ブラキッシュ] 塩気のある、塩味の

delectable. [ディレクタブル] この上なく美味な、かぐわしい

dulcet. [ダルセット] 甘美な、心地よい

fetid. [フェティド] たまらなく臭い、強烈な匂いのする

flavor. [フレイヴァー] 風味、味わい

gamy. [ゲイミー] 鳥獣肉の匂い(味)のする

heat. [ヒート] (香辛料などの)辛さ、ぴりっとした味

mature. ［マチュア］ 熟した、熟成した

palatable. ［パラタブル］ 口当たりがよい
とくにおいしいわけでもないが、悪くもない

piquant. ［ピカント］ ぴりっとする、辛い

rich. ［リッチ］ こってりした、濃厚な、こくのある

saccharine. ［サッカリン］ 甘ったるい、甘すぎる

sharp. ［シャープ］ ぴりりとする、味（匂い）のきつい

toothsome. ［トゥースサム］ 味のよい、おいしい

umami. ［ウマミ］ 旨味
（甘味、酸味、塩味、苦味につぐ第五の味覚）

unctuous. ［アンクチュアス］ 油っぽい、油ぎった

woodsy. ［ウッズィー］ 森を思わせる、森林のような

PLACE SETTINGS
食器のセッティング

Formal American
フォーマルなアメリカンスタイル

料理は左側、飲み物は右側に。
フォークやナイフ、スプーンは
外側のものから手に取る。

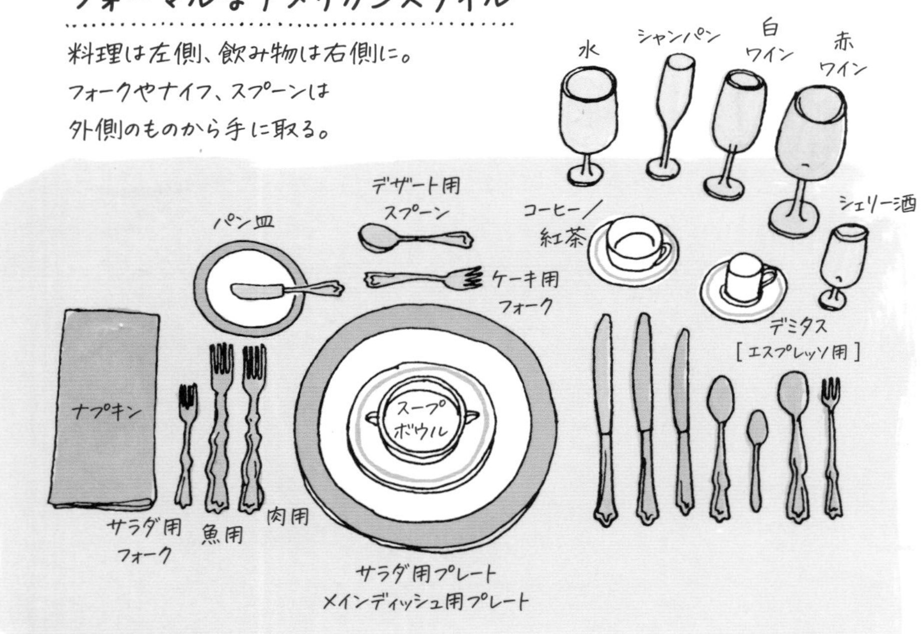

Chinese
中国料理

お皿に少し料理を残すのがマナーであり、十分なおもてなしを受けたしるし。
（全部食べ切ってしまうと、料理が足りなかったように見える）

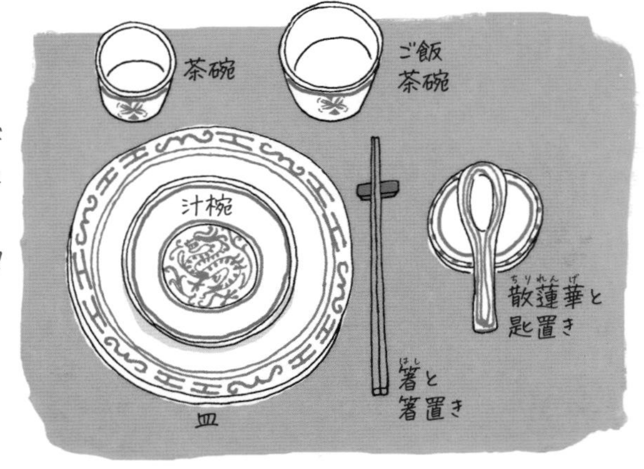

Japanese

和食

器の模様や余白が映えるよう、料理は中心に盛り付ける。箸は銘々の膳の手前に置く。和食はつねに彩りのバランスや、調理法、五つの味覚（甘味、塩味、酸味、苦味、旨味）を考慮して作られる。

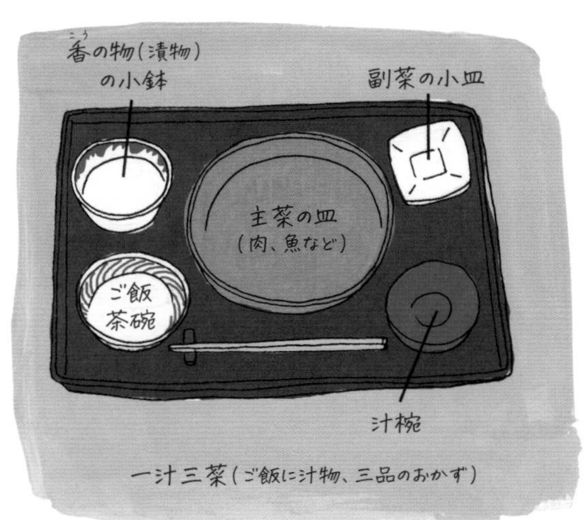

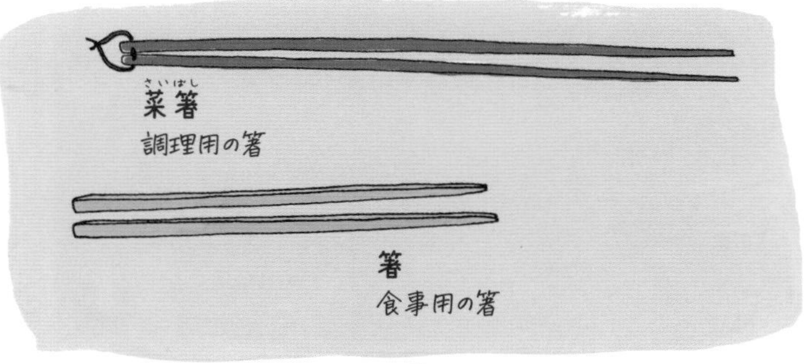

お箸の使い方

お箸をなめたり、交差させたり、ご飯に突き刺したりしない。
失礼にあたるだけでなく、ご飯にお箸を立てるのは、仏教の葬儀のお供えのやり方だから。

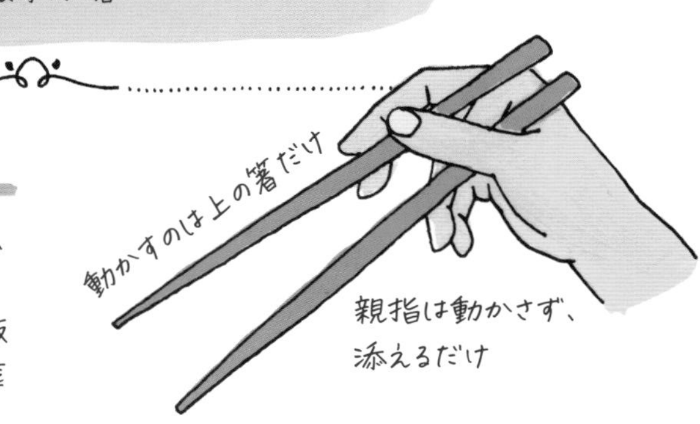

Thai
タイ料理

主に使うのはスプーンで、フォークはスプーンに食べ物をのせるためだけに用いる。年長者から食事を始め、料理は必ずみんなで取り分ける。料理がどんなにおいしくても、ごちそうが十分に供されたというしるしに、自分の皿に料理を少し残すのがマナー。

Korean Table
韓国料理

伝統的な食事では、ナムルやキムチなどの副菜（パンチャン）が供される。ご飯は蓋付きの茶碗によそわれ、各自が自分のスプーンや箸を使って小皿料理を取り分ける。

Indian / Nepalese
インド／ネパール料理

伝統的には右手を使って食べる。左手を使って食べるのは不浄とされる。これはインドだけでなく、中東やアフリカの一部の地域でも一般的な慣習。

家庭によっては、床に座って食事をする。各自の目の前に置かれた大きなバナナの葉にあれこれ少量ずつ盛りつけた料理を食べる。

手で食べるには

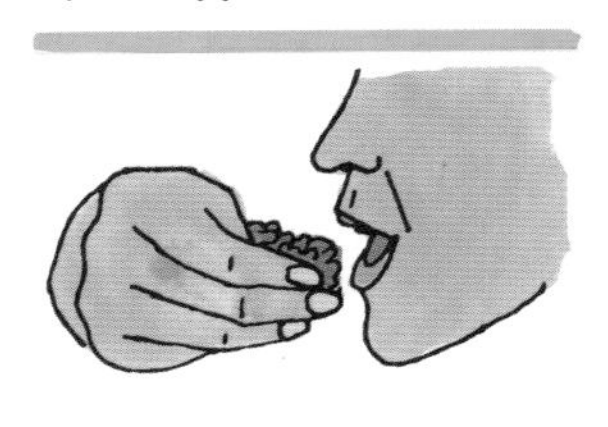

- 右手だけを使う。
- 手のひらは使わず、指先だけ使う。
- 親指を使って、食べ物を口のなかへ押しこむ。
- パンをちぎるときは親指とその他の指を使う（右手だけ）。

KINDS OF FORKS
フォークの種類

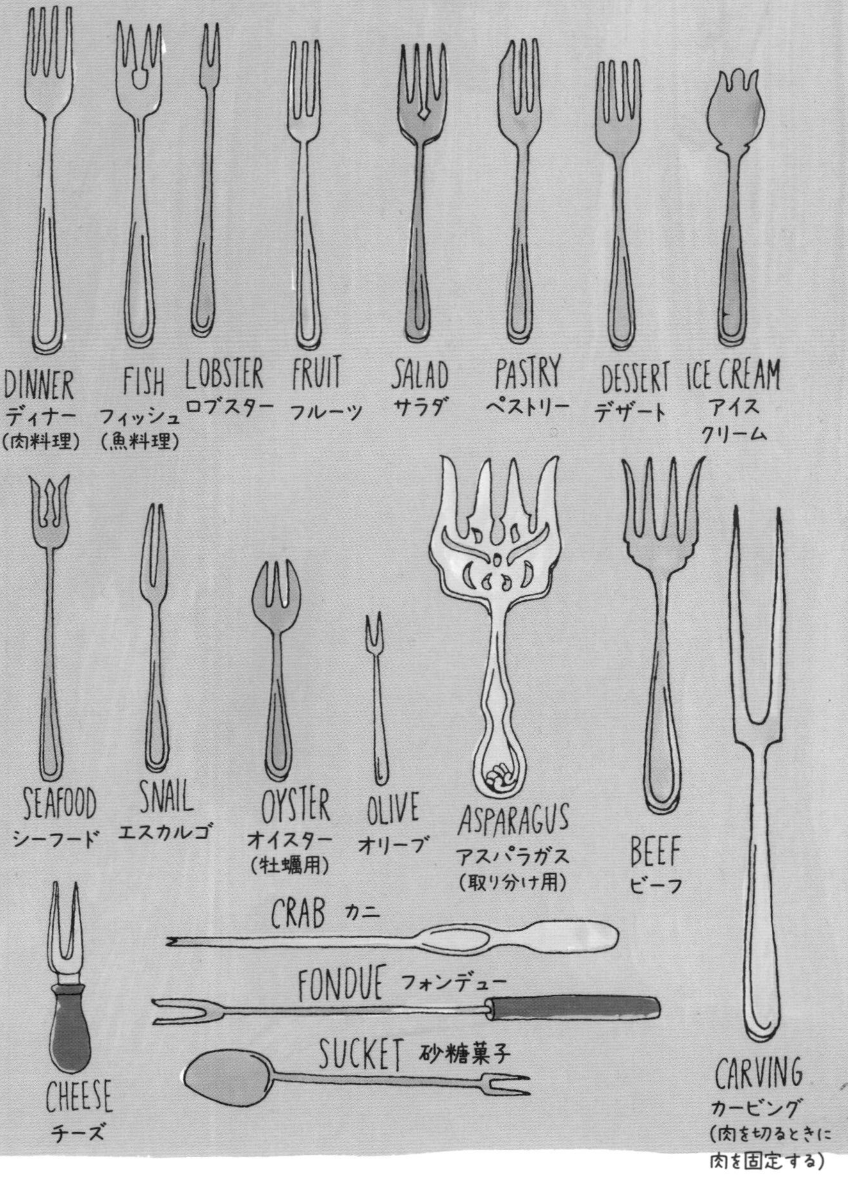

DINNER
ディナー
(肉料理)

FISH
フィッシュ
(魚料理)

LOBSTER
ロブスター

FRUIT
フルーツ

SALAD
サラダ

PASTRY
ペストリー

DESSERT
デザート

ICE CREAM
アイス
クリーム

SEAFOOD
シーフード

SNAIL
エスカルゴ

OYSTER
オイスター
(牡蠣用)

OLIVE
オリーブ

ASPARAGUS
アスパラガス
(取り分け用)

BEEF
ビーフ

CRAB カニ

FONDUE フォンデュー

SUCKET 砂糖菓子

CHEESE
チーズ

CARVING
カービング
(肉を切るときに
肉を固定する)

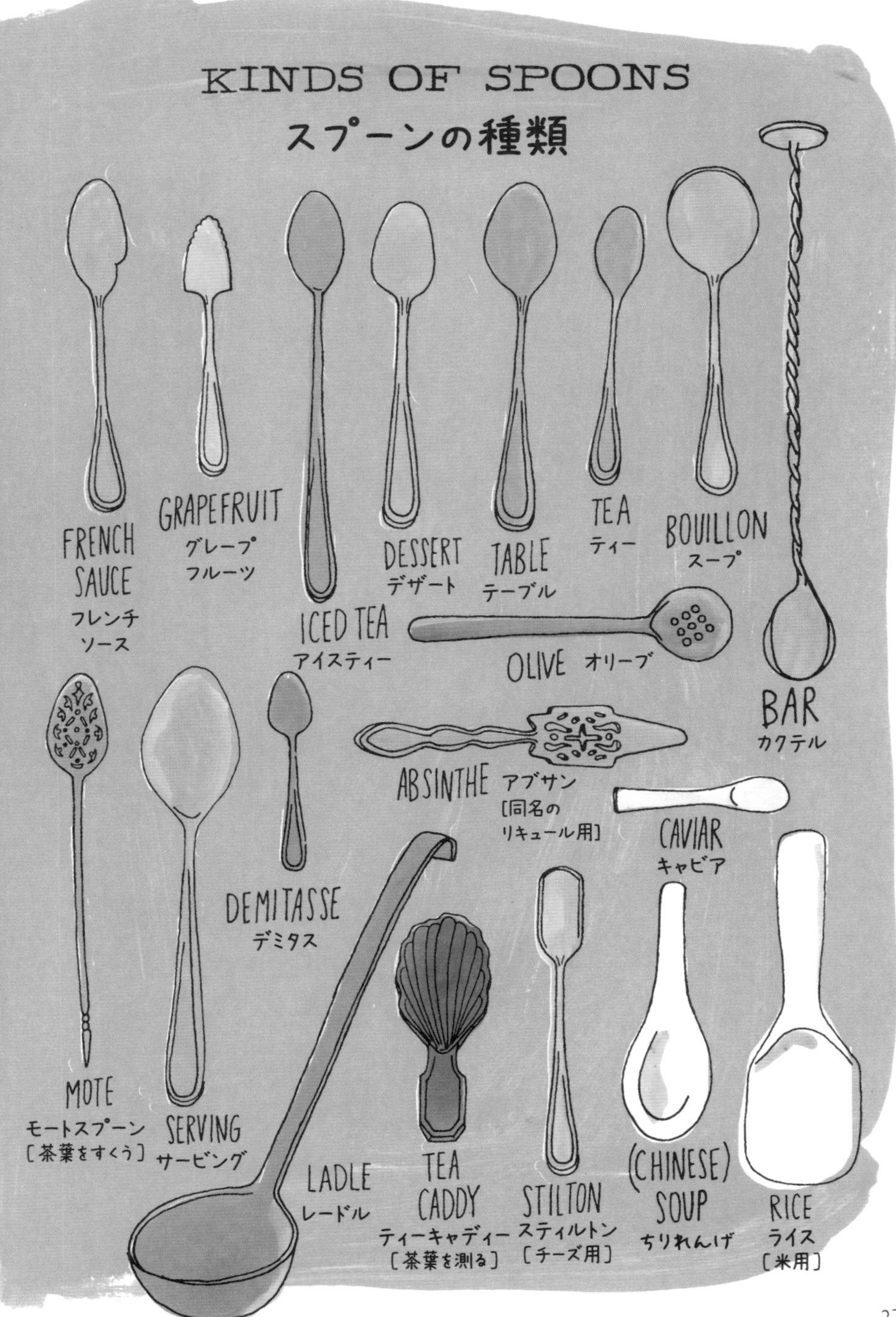
KINDS OF SPOONS
スプーンの種類
FRENCH SAUCE
フレンチソース
GRAPEFRUIT
グレープフルーツ
ICED TEA
アイスティー
DESSERT
デザート
TABLE
テーブル
TEA
ティー
BOUILLON
スープ
BAR
カクテル
OLIVE オリーブ
ABSINTHE アブサン
[同名のリキュール用]
CAVIAR
キャビア
MOTE
モートスプーン
[茶葉をすくう]
SERVING
サービング
DEMITASSE
デミタス
LADLE
レードル
TEA CADDY
ティーキャディー
[茶葉を測る]
STILTON
スティルトン
[チーズ用]
(CHINESE) SOUP
ちりれんげ
RICE
ライス
[米用]

IN THE (INTERNATIONAL) CUPBOARD
世界の台所道具
BAMBOO SKIMMER
竹の柄付き
スパイダーストレーナー
（アジア）
熱湯や揚げ油から
食材をすくい取るのに使う。
OROSHIGANE
おろし金（日本）
わさびなどを
すりおろすのに使う。
RAI
ライ（インド）
ラッシーを
作るとき、
混ぜるのに使う。
TTUKBAEGI
トゥッペギ［陶器鍋］
（韓国）
煮込み料理、鍋料理、
スープなどの調理に用い、
そのまま食卓に出す。
ビビンバにもよく使われる。
TORTILLA PRESS
トルティーヤプレス（メキシコ）
コーントルティーヤの
生地を平らに伸ばすのに使う。
CHAPATI TAWA
チャパティタワ
（インド）
チャパティ［全粒粉で作る薄焼きの
パン］専用の平たいフライパン。

SIL-BATTA
シルバッタ
（インド）

香辛料などをすりつぶす道具。チャツネやマサラを作るとき、レンズ豆や香辛料をすりつぶすのに使う。

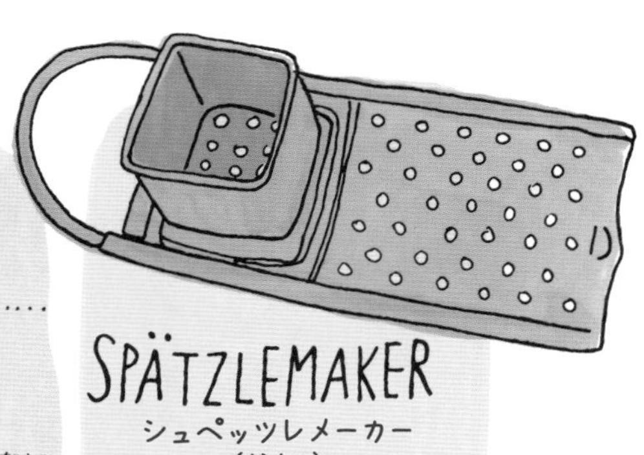

SPÄTZLEMAKER
シュペッツレメーカー
（ドイツ）

シュペッツレ（卵入りの生パスタ）を作るのに使う。

AEBLESKIVER PAN
エイブルスキーヴァー・パン
（デンマーク）

伝統料理である球形のパンケーキを作るのに使う。

UROKOTORI うろこ取り
（日本）

魚のうろこを取るのに使う。

PELMENI MAKER
ペリメニの型（ロシア）

ペリメニ［水餃子に似たロシア料理］を作るのに使う。

PORRÓN
ポロン
（スペイン）

ワインを回し飲みするのに使う［注ぎ口に口をつけず、口に流し込む］。

KARAHI カラヒ
(インド)
煮込み料理を作るための鍋。
MOLINILLO
モリニーロ
(メキシコ)
ホットチョコレートなどの
飲み物を泡立てる
手彫りの木製スティック。
FONDUE POT
フォンデュー鍋
(スイス)
鍋にチーズと白ワインを
入れ、温めてチーズを溶かし、
パンで絡めとって食べる。
TAGINE POT
タジン鍋
(北アフリカ)
煮込みなどの
タジン料理を
作るための鍋。
KHANOM DOK
BUA MOLD
カノム・ドーク・ブア(ラオス)
蓮の花の形をした
揚げ菓子を作るための型。
PAELLERA パエリヤ鍋
(スペイン)
スペインの代表的料理である
パエリヤを作るための鍋。
米に肉や魚介類、
野菜などを加え、
ブイヨンで炊く。

KATSUOBUSHI KEZURIKI
かつお節削り器
(日本)
かつお節を削るための道具。
削ったかつお節が下に落ち、引き出しにたまる。
PAKKAD
パケード(インド)
デグチなどの
熱い鍋を
つかむときに使う。
HUAD
フーワ
(タイ)
もち米を蒸すのに使う。
DEGCHI
デグチ
(インド)
カレーを作るための深鍋。
保温に優れた形をしている。
MAKIYAKINABE
巻き鍋(日本)
卵焼きを作るのに使う。

TRADITIONAL OVENS AROUND THE WORLD
世界の伝統的なかまど

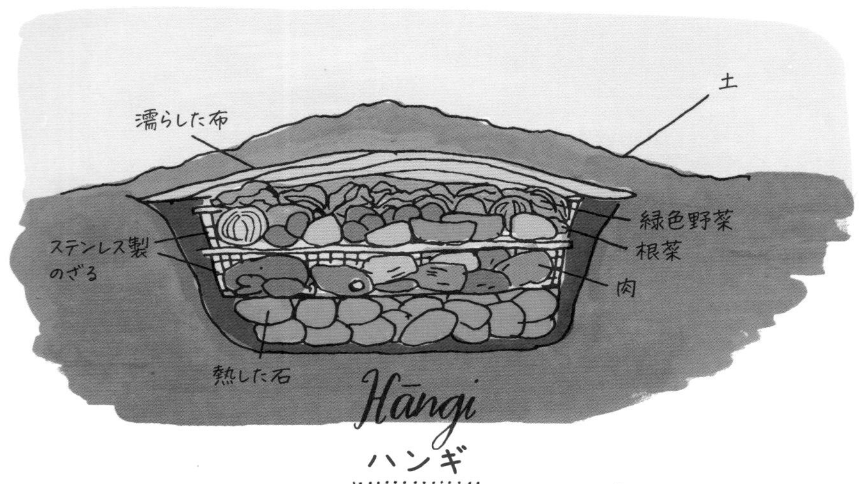

Hāngi
ハンギ

ニュージーランドの先住民マオリ人の伝統的な地中窯。熱した石の上に、ステンレス製のざるに入れた肉や野菜をのせ、濡らした布で覆い、その上に土を分厚くかぶせて調理する。

Horno
オルノ

アメリカ先住民の一部は、現在でもこのハチの巣型の野外式の泥窯を使って、パンや肉を焼いたり、トウモロコシを蒸したりする。

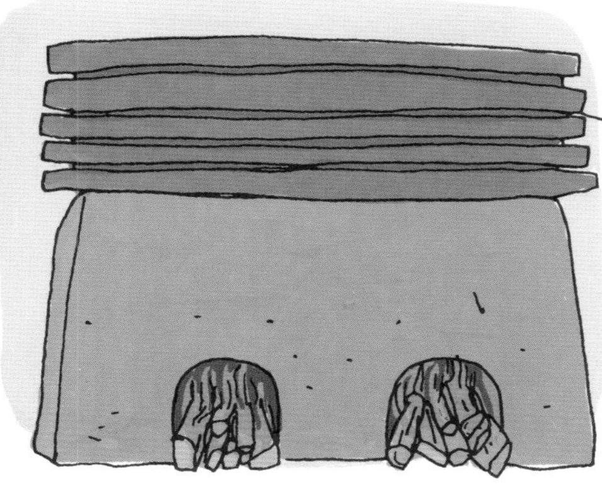

Chorkor
チョルコル

この長方形の、薪をくべるかまどはガーナのもので、主に魚の燻製を作るのに使う。金網を張った長方形のトレーに魚を並べ、下からの炎で燻(いぶ)す。

Neapolitan
ナポリ式ピザ窯

石とレンガで造られたこのドーム型のかまどは、薪や石炭を燃料とするもので、古代の共和制ローマ時代、あるいはそれ以前からの歴史をもつ。現在でもピザを焼くのに使われている。

Tandoor
タンドール

パンジャブ式タンドールはインドの伝統的な土窯で、壺型の円筒形をしており、下のほうは地面に埋められている場合もある。ナンやロティなどの平たいパンを焼くのによく使う。生地を窯の内側にぴたっと貼りつけ、焼き上がったらはがす。

A CENTURY OF STOVES
オーブンの百年史

1940s
1940年代

1970s
1970年代

THE ICE AGE OF REFRIGERATION
冷凍技術の氷河期

現代の冷蔵庫は、化学物質や電気を利用して冷凍や冷蔵をおこなっている。しかし、かつて冷蔵庫がなかったころは、人びとは食品を冷蔵するために、さまざまな手段を駆使していた。

ICE CUTTING
氷の切り出し

19世紀には、冬のあいだ、人力か馬力によってノコギリを引き、凍った湖や池の氷を切り出していた。トングで引き上げた氷の塊はまずアイスハウス（氷室）へ運ばれ、それから個別のアイスボックスで保管される。

ICE HOUSE
アイスハウス（氷室）

麦わらとおがくずでできた断熱壁をもつ半地下の建物で、夏のあいだ氷の塊を貯蔵するために使われた。

COOLGARDIE SAFE
クールガーディー冷蔵庫

1890年代、オーストラリアのゴールドラッシュの中心地にちなんで名付けられたキャビネットで、側面に黄麻布(おうまふ)が張られている。上部の容器から垂れだした水が黄麻布に滲みこんで気化熱が発生することで、内部がひんやりとした温度に保たれる。

ICE BOX
アイスボックス

1920年代に家庭用冷蔵庫が登場するまえは、アイスボックスが冷蔵用に使われていた。この断熱性のキャビネットはいくつかの棚に仕切られており、1か所に氷の塊を入れ、ほかの部分に食品を貯蔵する。氷が溶けるにつれ、すべての棚が冷やされていく。

GE'S MONITOR-TOP
GE社製モニタートップ

家庭用として普及した最初の冷蔵庫は、ゼネラルエレクトリック(GE)のモニタートップで、食品を冷蔵するために有毒な二酸化硫黄を使用していた。1930年代にフレオン[アメリカのデュポン社製のフッ化炭化水素の商品名。通称フロン]を使用する冷蔵庫が登場し、冷蔵技術がより安全になったことで、冷蔵庫はさらに広く普及した。

FERMENTATION
発酵

発酵とは、細菌や酵母による物質の化学分解および化学変化のこと——泡立ちや熱が生じることが多く、思いがけず、はっとするような味わいの食べ物や飲み物ができることも。発酵は自然に生じるが、発酵の過程と微生物の作用をコントロールすることによって、味わいに変化をもたらすことができる。

人類は新石器時代から発酵食品や発酵飲料を作っていた。科学的証拠によって、8000年前の古代文明において、すでにビールやワインが作られていたことがわかっており、パンはおそらくそれ以前から作られていた。

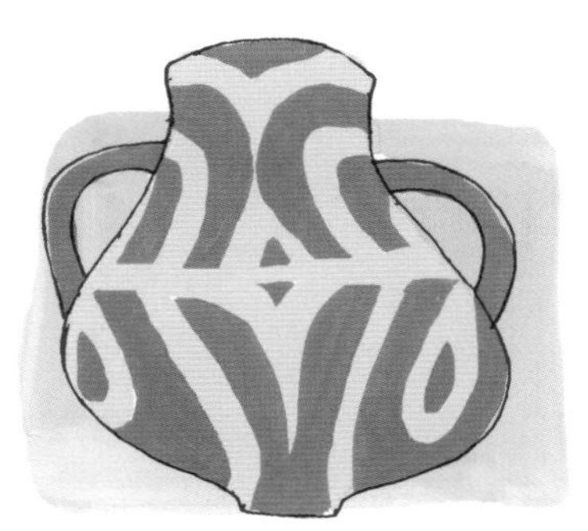
紀元前4200年ごろのワイン壺

発酵は食材の元々の味を変化させるだけでなく、食材の保存にも役立つ。何世紀も前、缶詰や冷凍の技術がなかった時代には、それはきわめて重要なことだった。そのため、発酵は「制御された腐敗」と呼ばれることもある。

20世紀に製パン用イーストが手に入るようになったが、それ以前は、料理人たちは醸造所から酵母を買うか、サワー種に含まれている天然酵母を捕まえるしかなかった。
こんにちでもサワードウブレッドの味わいが特別なのは、そのためだ。味の均一なイーストとはちがって、天然酵母にはそれぞれ独自の風味がある。

発酵食品は
体によい働きをする微生物を
含む、プロバイオティクス食品！
このような善玉菌が
体内になければ、
人間は生きることができない。

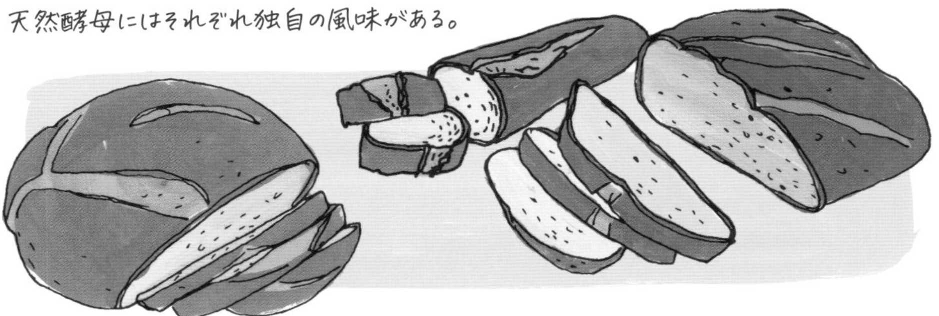

CHAPTER 2
Eat Your Fruits and Veggies
果物や野菜を食べよう

DINING ON THE PLANT FAMILY
植物を食べる

大きく分けて4つのグループがある

Mosses & Liverworts
蘚類と苔類

ツノマタゴケ

サルオガセモドキ

ハナゴケ

多くは食べられるが、あまりおいしくないとされている。

Coniferous Trees
針葉樹

おいしい松の実や松の若葉は、ハーブのように風味付けに用いられる。

Ferns シダ類

コゴミは春のごちそう。

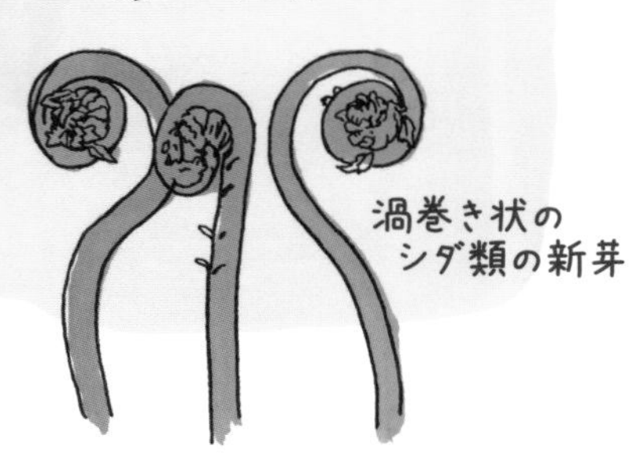

渦巻き状のシダ類の新芽

Flowering Plants
顕花植物

私たちが食べる果物や野菜のほとんどは顕花植物で、花を咲かせ、実を結び、種子によって繁殖する。

レモンの木

EDIBLE PARTS OF FLOWERING PLANTS
顕花植物の可食部

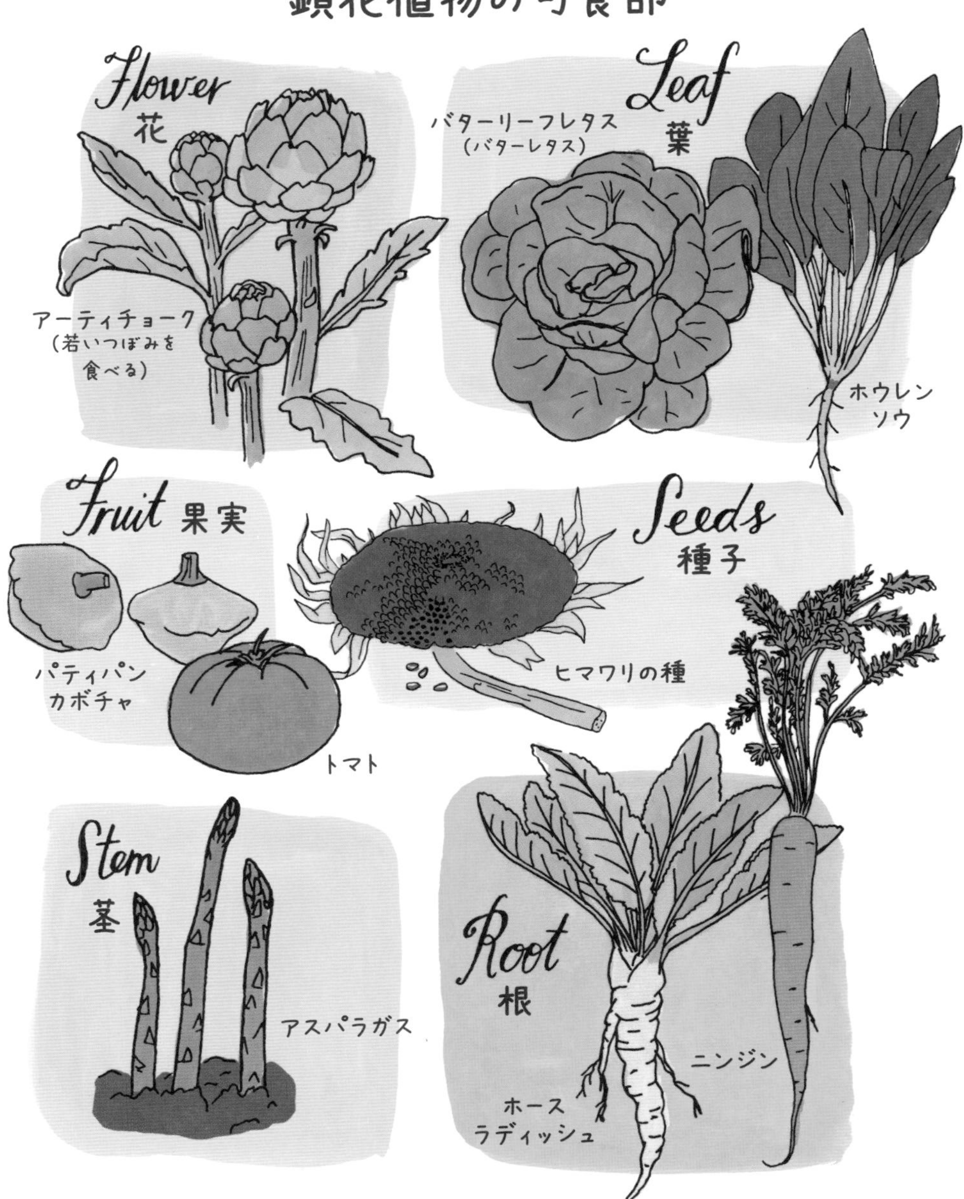

FRUIT FACTS
果物のファクト

料理の世界では、顕花植物を果物（甘みがあるもの）と野菜（その他のもの）に分けているが、植物学においては、果物を定義するのは機能であり、味ではない。つまり、果物とは、熟して種子を含んだ子房のこと。

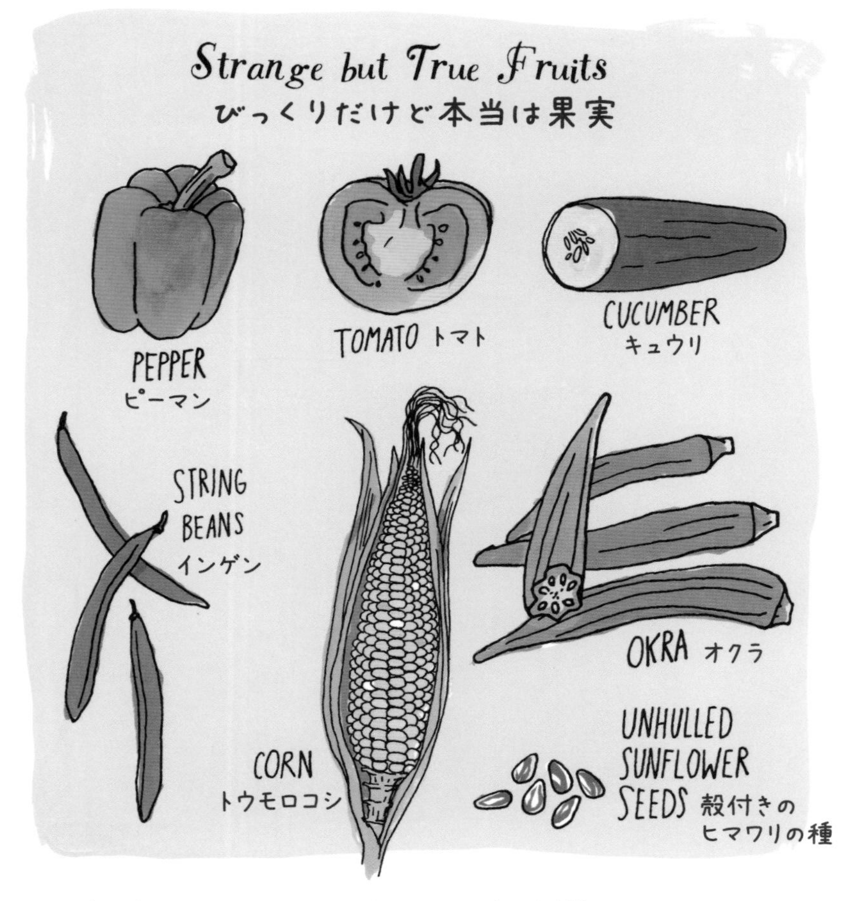

さらにややこしいことに、アメリカでは1883年の関税法によって、トマト、キュウリ、豆類は野菜に分類されたいっぽう、ルバーブは1947年に果物に分類された。

How a Flower Becomes a Fruit
花が果実になるまで

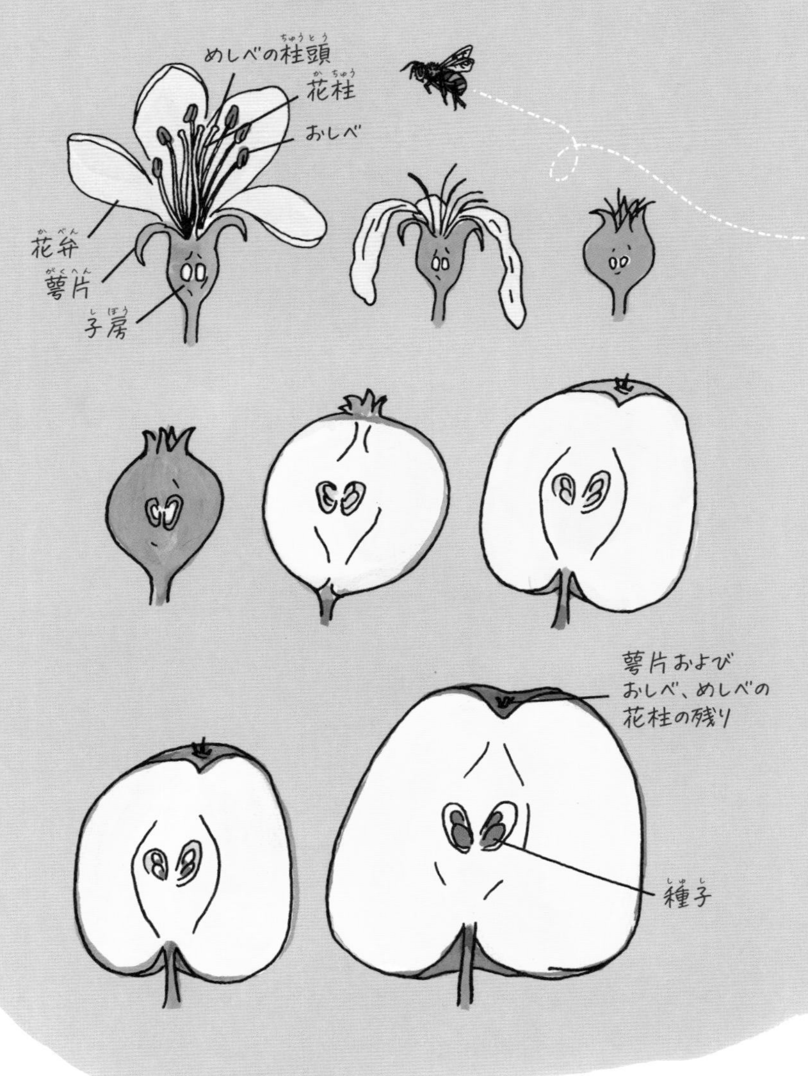

THE PARENTS OF PRODUCE
果物や野菜の原種

大昔から、人びとは栽培する果物や野菜の特徴をコントロールするため、選択的な農業をおこなってきたが、現代の農業ではテクノロジーと科学によって、そのプロセスがさらに促進されている。お皿の上の果物や野菜を見ただけで、年ごとの変化に気づいたりはしないが、私たちにとってありふれた野菜や果物は、何世紀ものあいだに大きな変化を遂げており、原種とはかけ離れたものになっている。

Original Peach
モモの原種

歴史学者によれば、モモの原種はレンズ豆のような味で、果皮はつるつるして種が大きく果肉は少なかった。中国の農民たちがこれを改良し、現代の私たちが大好きな、綿毛で覆われたジューシーで甘い果物になった。

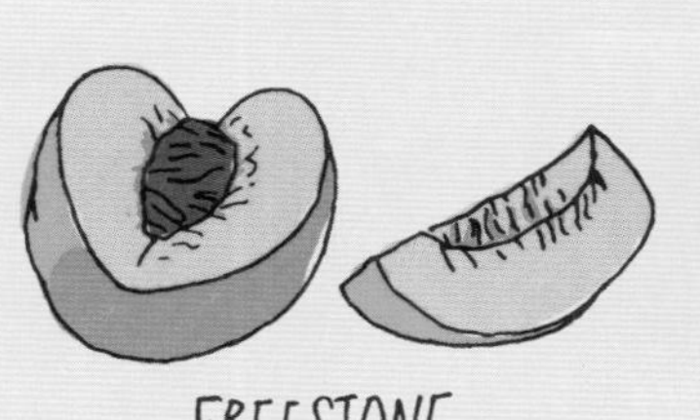

FREESTONE
種離れのよいタイプ

VS.

CLINGSTONE
種離れの悪いタイプ

種離れのよいモモは、果肉を種から簡単にはがすことができる。
種離れの悪いモモは、果肉が種にくっついており、缶詰や冷凍などの加工には不向き。

Original Carrot

ニンジンの原種

ペルシャ原産のニンジンの原種の色は紫か白で、岐根をもつ種類もあった。

Original Corn

トウモロコシの原種

古代マヤ人は、小さくて水分が少なく、かろうじて食用になる穀物を改良し、現代のトウモロコシによく似た、もっと甘くて皮をむきやすい品種を作り出した。

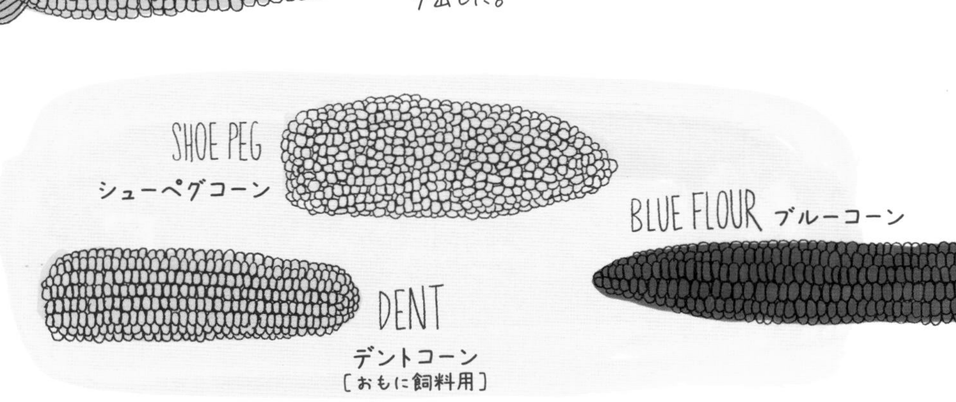

Original Watermelon

スイカの原種

ボツワナおよびナミビア原産のスイカは、かつてはもっと小さく、苦い味がした。サイズが著しく大きくなったことで、割りやすくなった。最近では、種なしの品種も開発されている。

HOW TO CUT A MANGO
マンゴーのカットのしかた

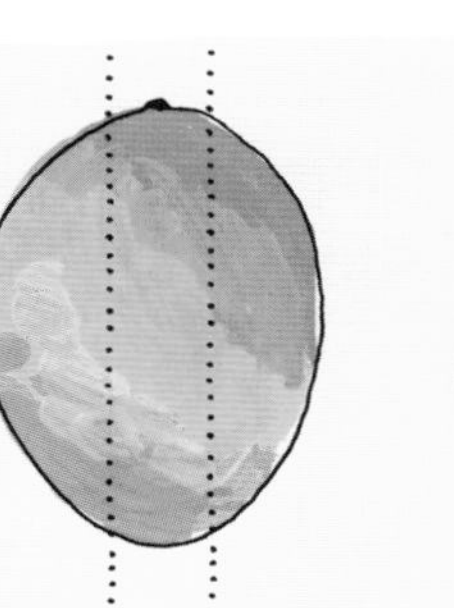

1. 中心にある種の両側ぎりぎりのところに包丁を入れて、カットする。

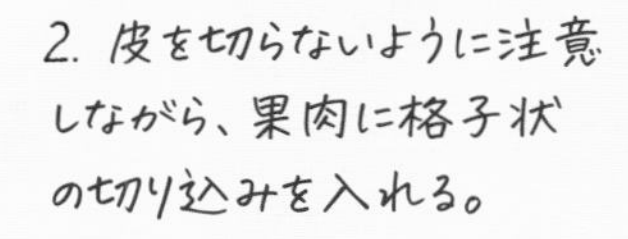
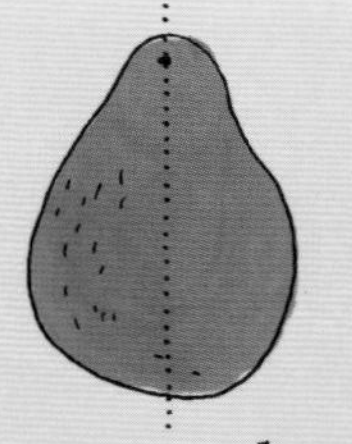

2. 皮を切らないように注意しながら、果肉に格子状の切り込みを入れる。

3. 皮を裏から押すようにそり返らせ、皮からはがすようにカットする。種のまわりの果肉もきれいに切り取る。

HOW TO CUT AN AVOCADO
アボカドのカットのしかた

1. アボカドの縦の真ん中に包丁を入れ、中心にある種にそってぐるりと切れ目を入れ、ふたつに分ける。

2. 刃の丈夫な包丁の真ん中あたりを種に刺し入れ、包丁をくるっと回し、もち上げるようにして種を外す。

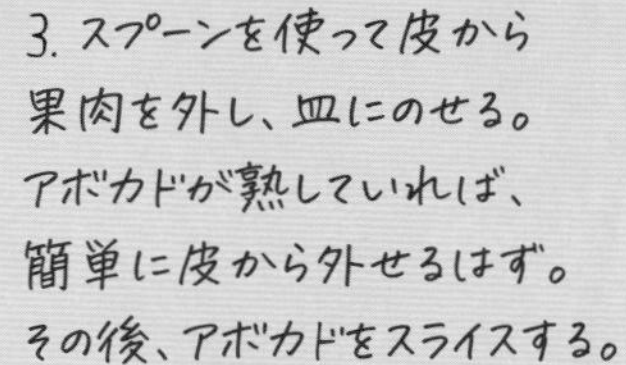

3. スプーンを使って皮から果肉を外し、皿にのせる。アボカドが熟していれば、簡単に皮から外せるはず。その後、アボカドをスライスする。

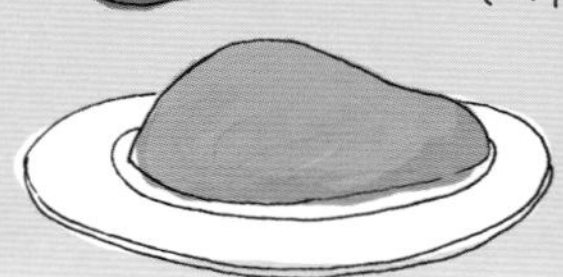

ALL IN
THE FAMILY
アブラナ科の野菜
キャベツ、カラシナ、ブロッコリーなどの
アブラナ科アブラナ属の野菜は、
すべてアブラナの異なる部位が食用に
開発されたもの。
broccoli
ブロッコリー
茎+花
kale
ケール
葉
Brussels
sprouts
芽キャベツ
側芽
cabbage
キャベツ
芽
茎
kohlrabi
コールラビ
花房
[房のようになった
花の集まりのこと]
cauliflower
カリフラワー

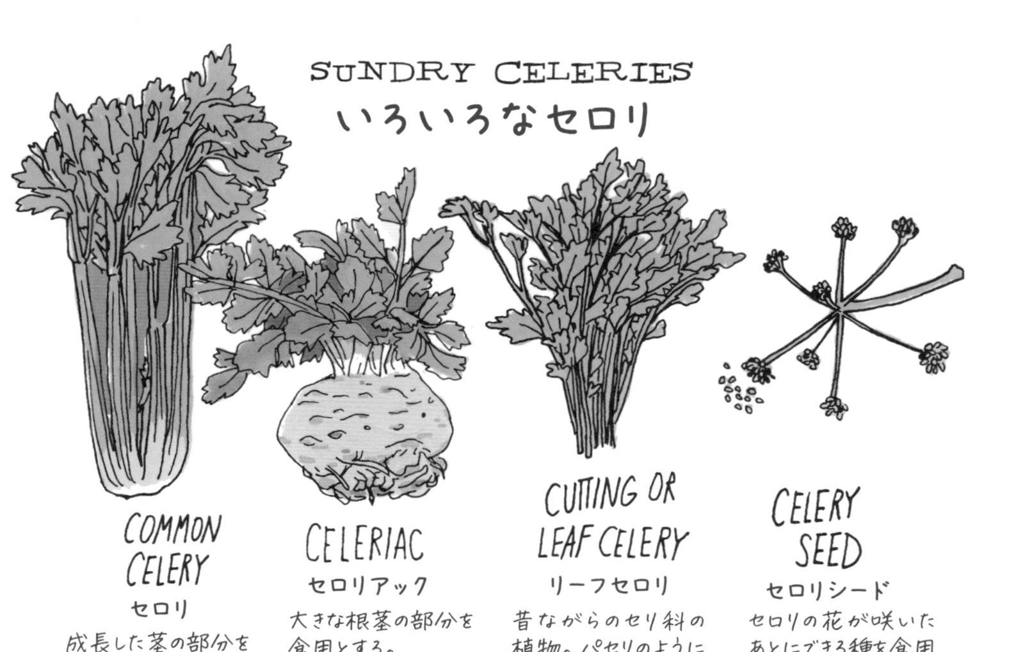
SUNDRY CELERIES
いろいろなセロリ
COMMON CELERY
セロリ
成長した茎の部分を食用とする。
CELERIAC
セロリアック
大きな根茎の部分を食用とする。
CUTTING OR LEAF CELERY
リーフセロリ
昔ながらのセリ科の植物。パセリのように葉の部分を食用とする。
CELERY SEED
セロリシード
セロリの花が咲いたあとにできる種を食用とする。

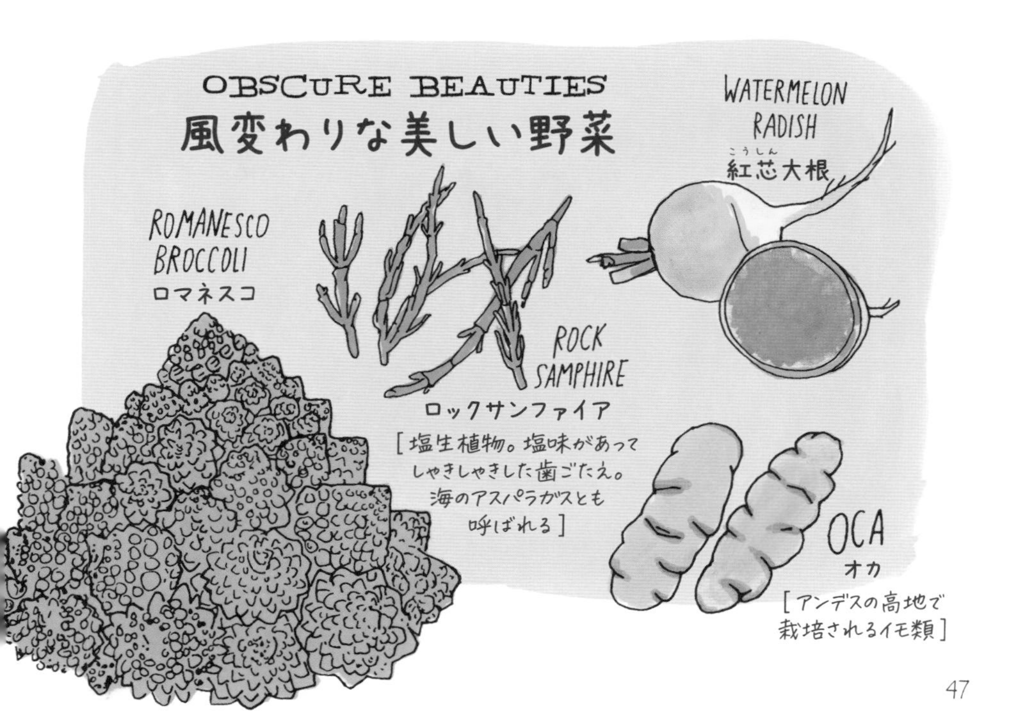
OBSCURE BEAUTIES
風変わりな美しい野菜
WATERMELON RADISH
紅芯大根
ROMANESCO BROCCOLI
ロマネスコ
ROCK SAMPHIRE
ロックサンファイア
[塩生植物。塩味があってしゃきしゃきした歯ごたえ。海のアスパラガスとも呼ばれる]
OCA
オカ
[アンデスの高地で栽培されるイモ類]

TROPICAL FRUITS
トロピカルフルーツ
ACKEE
アキー
HORNED MELON
ツノニガウリ
CANISTEL
カニステル
CHERIMOYA
チェリモヤ
SALAK OR
SNAKE FRUIT
サラク
（別名スネークフルーツ）
RAMBUTAN
ランブータン
STARFRUIT OR CARAMBOLA
スターフルーツ

DURIAN
ドリアン
JACKFRUIT
ジャックフルーツ
ジャックフルーツが
木になっているところ
MANGOSTEEN
マンゴスチン
JABUTICABA
ジャボチカバ
ジャボチカバが
木になっている
ところ
DRAGONFRUIT OR PITAYA
ドラゴンフルーツ
(別名ピタヤ)
LANGSAT
ランサ
CUPUACU
クプアス

BERRY BASICS
ベリー類の基礎知識

植物学上は、ベリー類は液果（旧称は漿果）に分類されるが、
すべてのベリーが液果であるわけではない。

BLUEBERRIES ブルーベリー

ブルーベリーは典型的なベリーで、種子を内包した比較的やわらかい、一つの子房からなる果実（したがって、トマトやピーマンやナスも植物学上はベリーとなる）。

花柄
種子
萼片
花托
小核果

RASPBERRY ラズベリー

ブラックベリーやラズベリーは集合果であり、一つの花の複数の子房からなる。

MULBERRY マルベリー

マルベリーは多花果であり、多数の花に由来する果実が集まって、一つの果実のように見える。

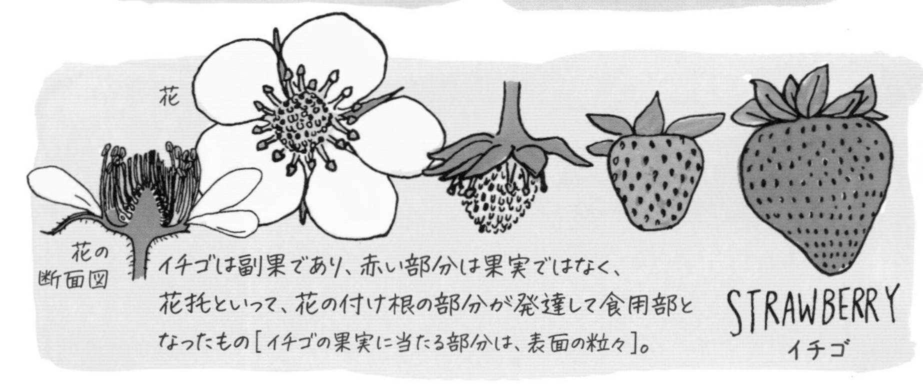

イチゴは副果であり、赤い部分は果実ではなく、花托といって、花の付け根の部分が発達して食用部となったもの［イチゴの果実に当たる部分は、表面の粒々］。

STRAWBERRY イチゴ

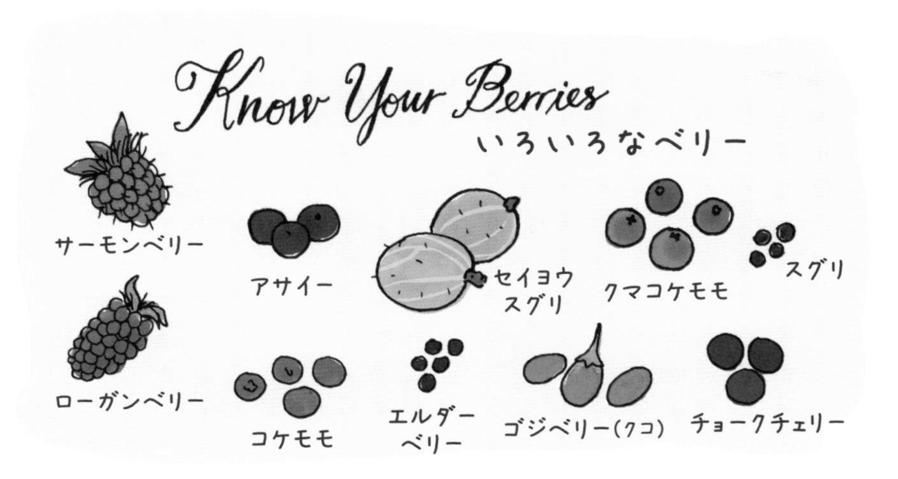

LITTLE KNOWN TERMS FOR COMMON TREE FRUIT
おなじみの果実だけどよく知らない言葉

Drupe 核果(かくか)

ココナッツ、オリーブ、モモ、プラム、チェリーなどは核果といい、硬い核のなかに一つの種子がある。そのため、「石果(せきか)」とも呼ばれる。

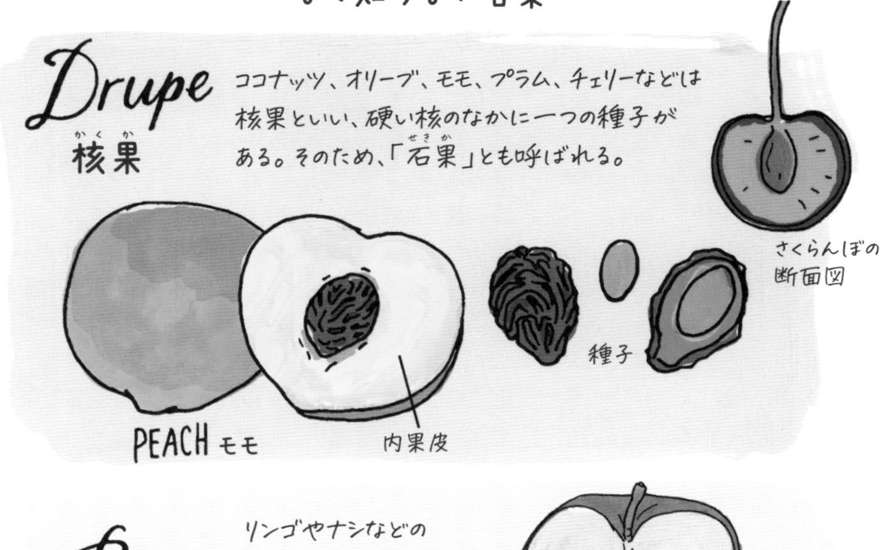

Pome ナシ状果

リンゴやナシなどのナシ状果には木のように硬い芯の部分があり、それによって果肉と種子が分離されている。

葉っぱで食べ物を包んで、
蒸したり焼いたり。
果実が円を描くように
ぎっしり並んでいるものを、
房(ふさ)と呼ぶ。
花は生のまま
サラダに入れて
食べたり、
カレーに入れて
加熱したり。
BANANA PLANT
バナナの草本(そうほん)
[木にならない植物]
バナナは木のように見えるが、
幹のように見える部分は
太い茎。

GO BANANAS
そんなバナナ

バナナはバショウ科バショウ属の多年生草本。アメリカ人がよく食べるのは1種類のみだが、バナナにはたくさんの品種がある。すっぱいリンゴのような風味の太くて短い品種もあれば、皮が赤くて果肉が薄いピンクの品種も。デンプン質の多い、調理用の甘くない品種は、果実がまだ青いうちに皮をむいて輪切りにし、トストーネと呼ばれるフライドバナナにする。

WILD
野生のバナナ
デンプン質が多く、大きな種がたくさん入っている。

PLANTAIN
プランテン
ふつうのバナナよりも甘みが少なく、デンプン質が多い。

APPLE BANANA OR LATUNDAN
アップルバナナ（ラツンダン）

RED BANANA
レッドバナナ

SOME INTERESTING DISHES
おもしろいバナナ料理

PULUT INTI
プルッインティ
もち米を三角形に握り、甘いココナッツをトッピングしてバナナの葉で包んだおやつ。（マレーシア）

ARATIKAYA VEPUDU
アラティカヤ・ヴェプドゥ
生のプランテンを角切りにして、スパイスとともに炒めたもの。（南インド）

MATOOKE
マトケ
甘くない調理用バナナをマッシュしたもの。
（ウガンダおよびルワンダ）

CITRUS
柑橘類

Non Hybrids 固定種

植物学者たちは、あらゆる種類の柑橘類は
古来の四つの野生植物に由来すると考えている。

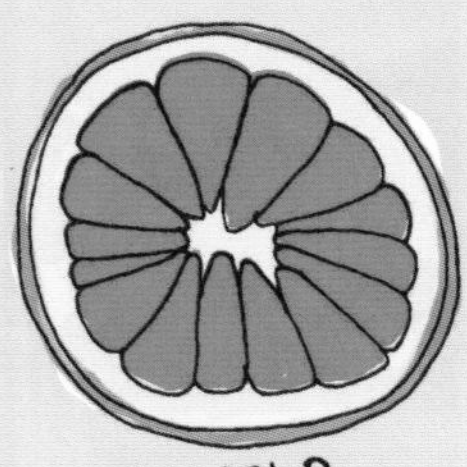

POMELO
ポメロ(ブンタン)
学名:Citrus maxima

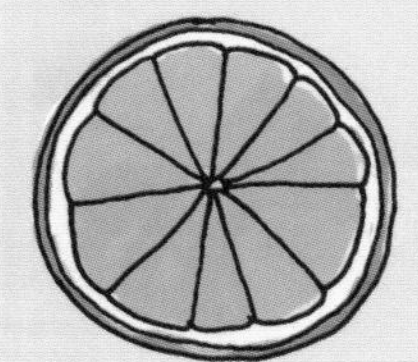

PAPEDA
パペダ
いくつかの苦味のある原種の総称。

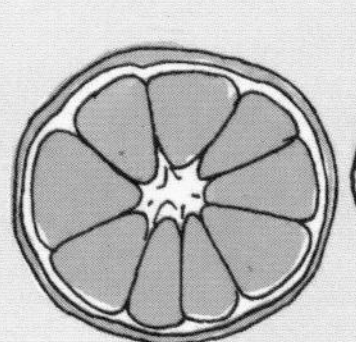

MANDARIN
マンダリン
学名:Citrus reticulata

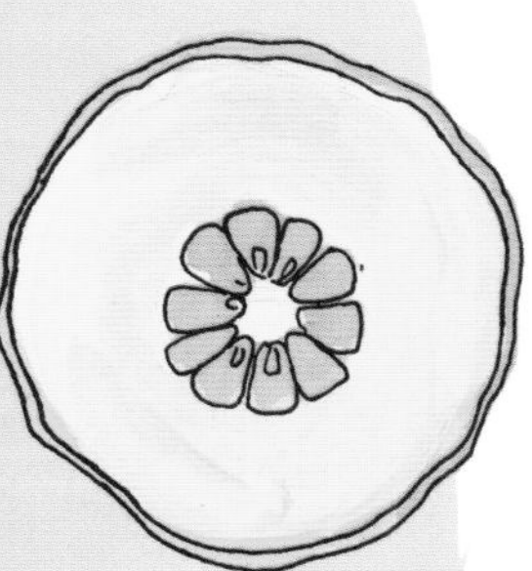

CITRON
シトロン
学名:Citrus medica

Extraordinary Hybrids 驚くべき交配種たち

私たちがこんにち食べている柑橘類のほとんどは、
自然交配または人工交配、あるいは異なる二つの品種を
一緒に育てることによってできた。植物学において、
交配種の学名に「×」という記号がよく用いられるが、
これは異なる二つの品種を「かけ合わせた」ことを指している。

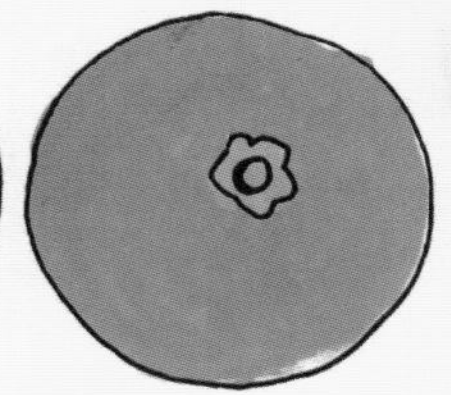

SHIKUWASA OR HIRAMI LEMON
シークワーサー(和名:ヒラミレモン)
学名:
Citrus x depressa

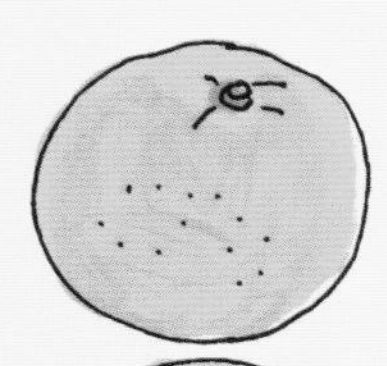

YUZU
ユズ
学名:
Citrus ichangensis x reliculata

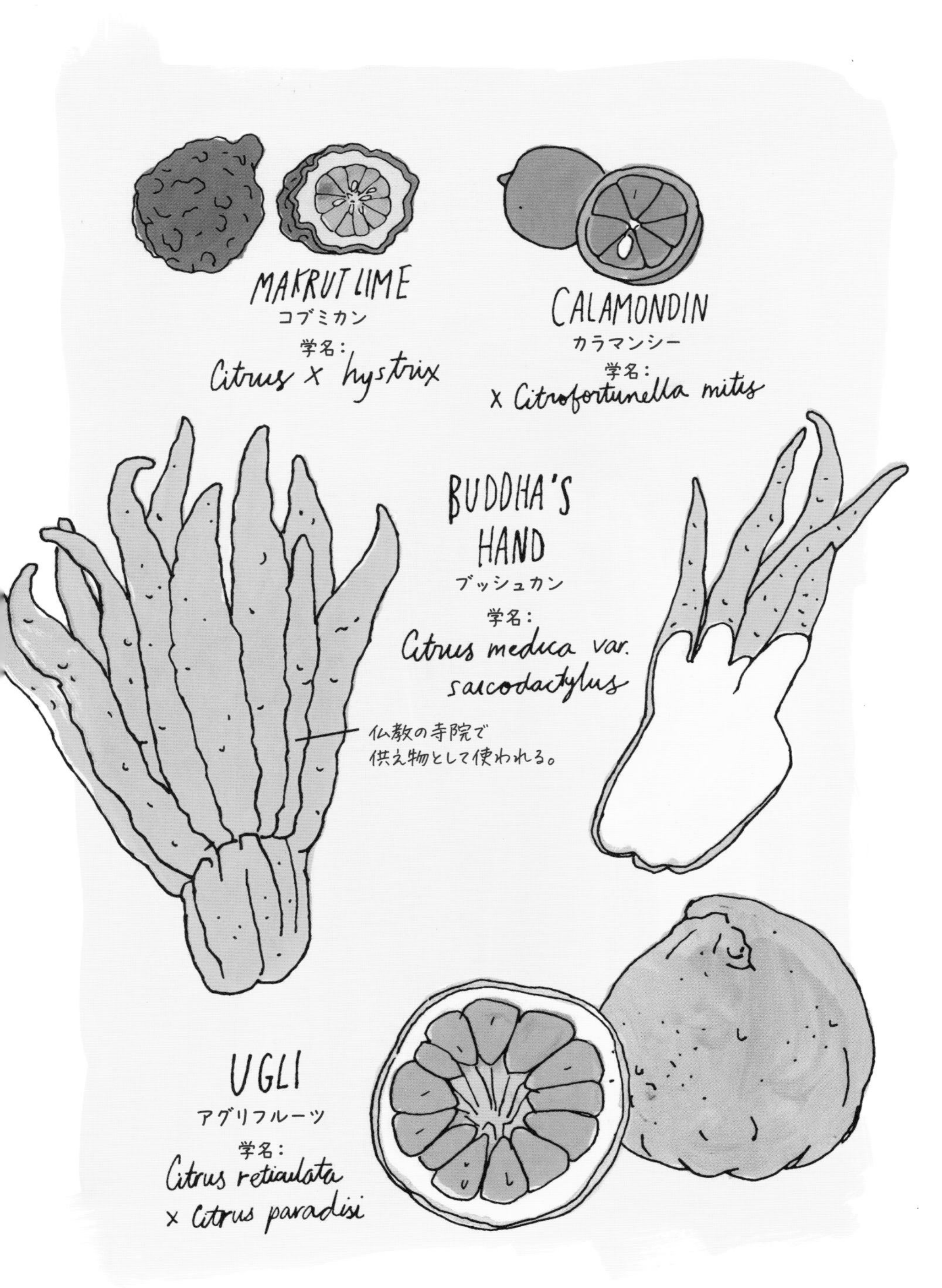
MAKRUT LIME
コブミカン
学名：
Citrus x hystrix
CALAMONDIN
カラマンシー
学名：
x Citrofortunella mitis
BUDDHA'S HAND
ブッシュカン
学名：
Citrus medica var. sarcodactylus
仏教の寺院で
供え物として使われる。
UGLI
アグリフルーツ
学名：
Citrus reticulata
x Citrus paradisi

SURPRISING
SALAD
GREENS
サラダ野菜の
豊かな世界
チャイブの
花
ハコベ
野生の
クレソン
ターサイ
カラシナ
ワイルドルッコラ
マイナーズ・レタス
（クレイトニア・
ペルフォリアータ）
ラディッシュの葉
タンポポの
葉

スベリヒユ
クズ
ヒメスイバ
シロザ
カタバミ
セリバオオバコ
オカヒジキ
マーシュ

FAMOUS FUNGI
有名な菌類

コウジカビは醤油や酒の製造に使われるカビの一種。
ブルーチーズの製造にはアオカビが使われる。

ペニシリウム
（アオカビ）

アスペルギルス
（コウジカビ）

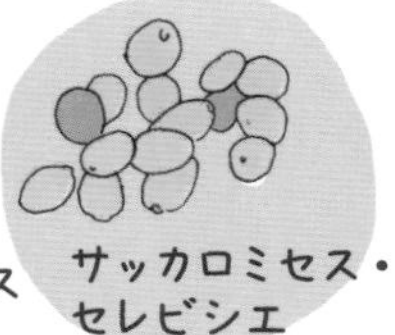

サッカロミセス・セレビシエ
（出芽酵母）

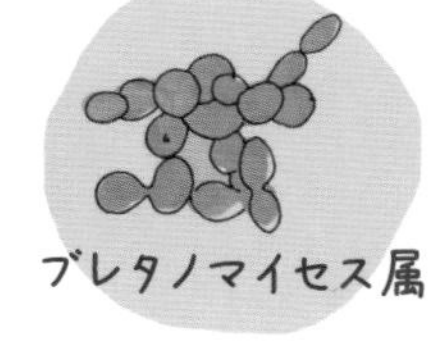

ブレタノマイセス属

サッカロミセス・セレビシエ（出芽酵母）はパン作りや、ビールやワインの醸造に使われる酵母。
ブレタノマイセス属酵母は酸味のあるビールを作るのに使われる。

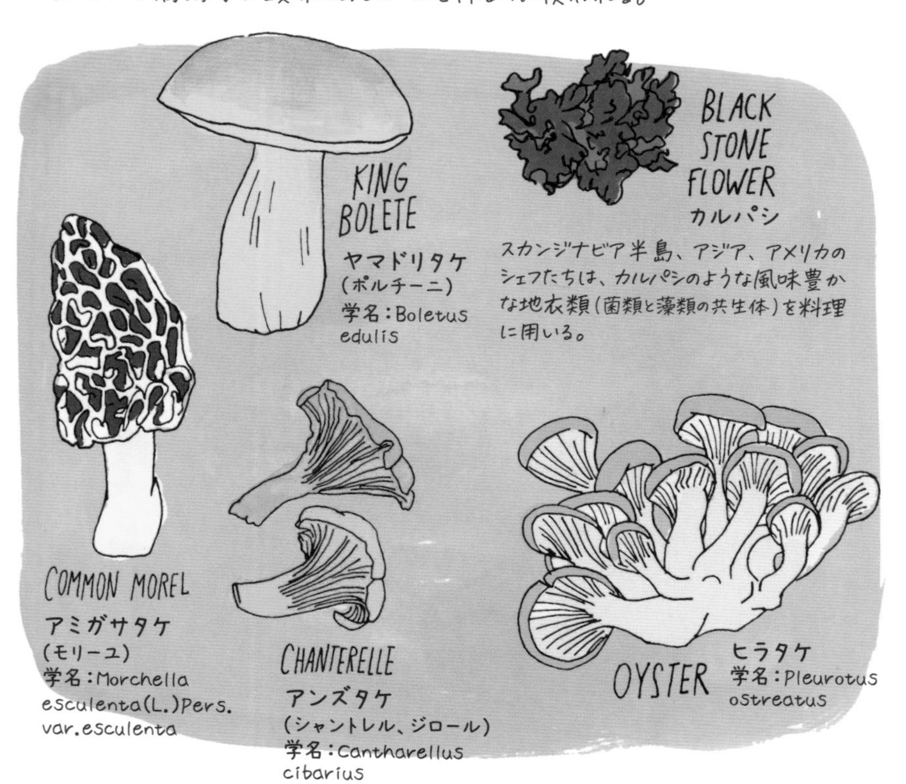

The Truffle Hunter トリュフ狩り

キノコのなかでもとりわけ魅力的なのが地下生菌のトリュフで、厳密に言えば、木の根と養分のやり取りをしながら共生している菌類の子実体(しじつたい)(=キノコ)のこと。きわめて多くの国々でさまざまな品種が自生しており、栽培も可能だが、ヨーロッパで自生している天然物のトリュフにはもっとも高値がつき、最高で1ポンド(約450グラム)あたり1万ドル(約108万円)にもなる。

トリュフ狩りに使われるのは、豚よりも犬のほうが多い。なぜって、見つけたトリュフを食べないように訓練するのが、犬のほうが簡単だから。

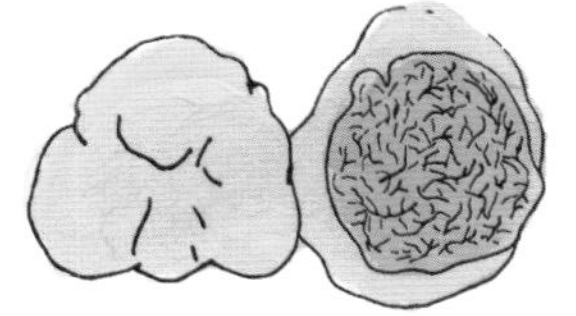

WHITE TRUFFLE
学名：*Tubermagnatum*
白トリュフ

「トリュフのメルセデス・ベンツ」とも呼ばれる最高級品は、イタリアのピエモンテ州で秋に採れる白トリュフ。そのつぎに高級品とされるのは、南フランスで冬に採れる黒トリュフ。

BLACK TRUFFLE
学名：*Tuber melanosporum*
黒トリュフ

VANGHETTO
ヴァンゲート

このイタリアのトリュフ狩りの道具には、林床(りんしょう)からキノコを掘り起こすための短い刃がついている。

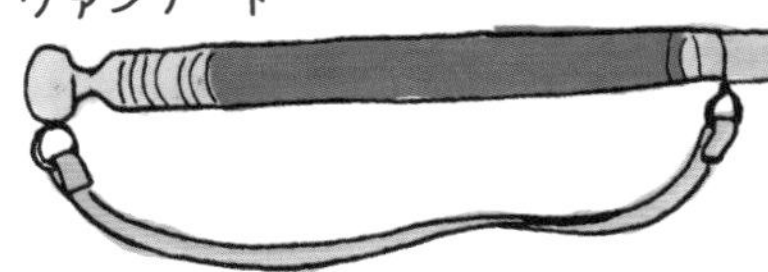

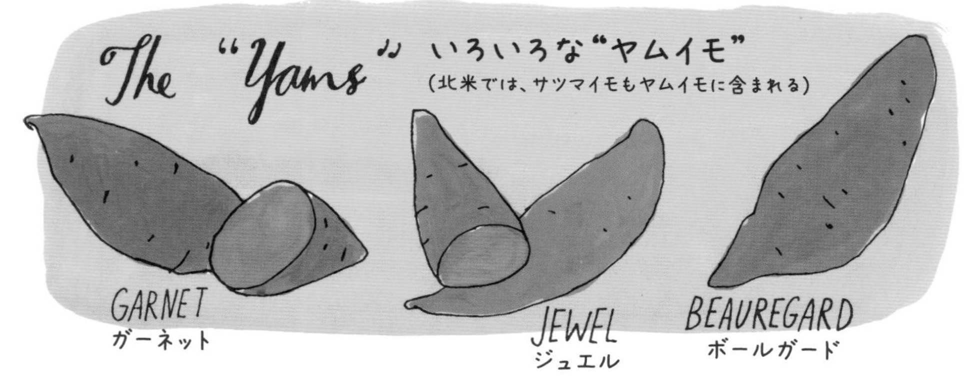

YAM VS. SWEET POTATO
ヤムイモ VS. サツマイモ

北米では、中米原産のサツマイモをヤムと呼ぶ場合もあるが、この二つはまったくべつの植物。デンプンを多く含み、水分の少ない本来のヤムイモは、アフリカおよびアジア原産。最長で1.5メートルにもなる。

White Yam

シロギニアヤム(白ヤム)
学名:Dioscorea rotundata
アフリカ

ゆでてすりつぶしたり、乾燥させたものを粉砕してパウダーにしたりする。

Water Yam

ダイジョ(紫ヤム)
学名:Dioscorea alata
フィリピン

デザートに使われる。

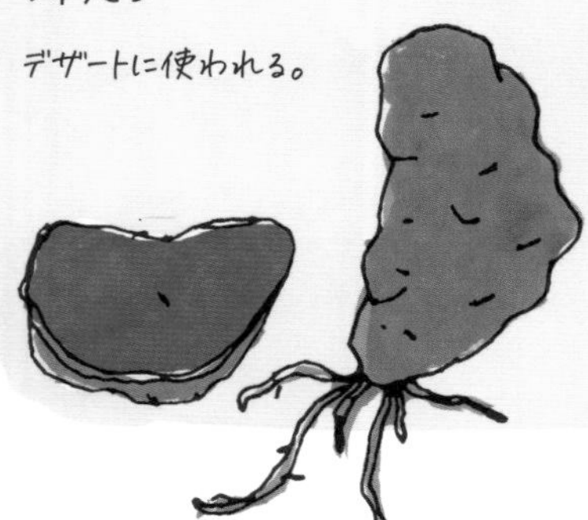

Chinese Yam

ナガイモ
学名:Dioscorea opposite
日本、中国、韓国

和食では千切りやすりおろしにして、生のまま、もしくは軽く火を入れて食べる。また、中国では漢方薬にも用いられる。

BEANS
豆類

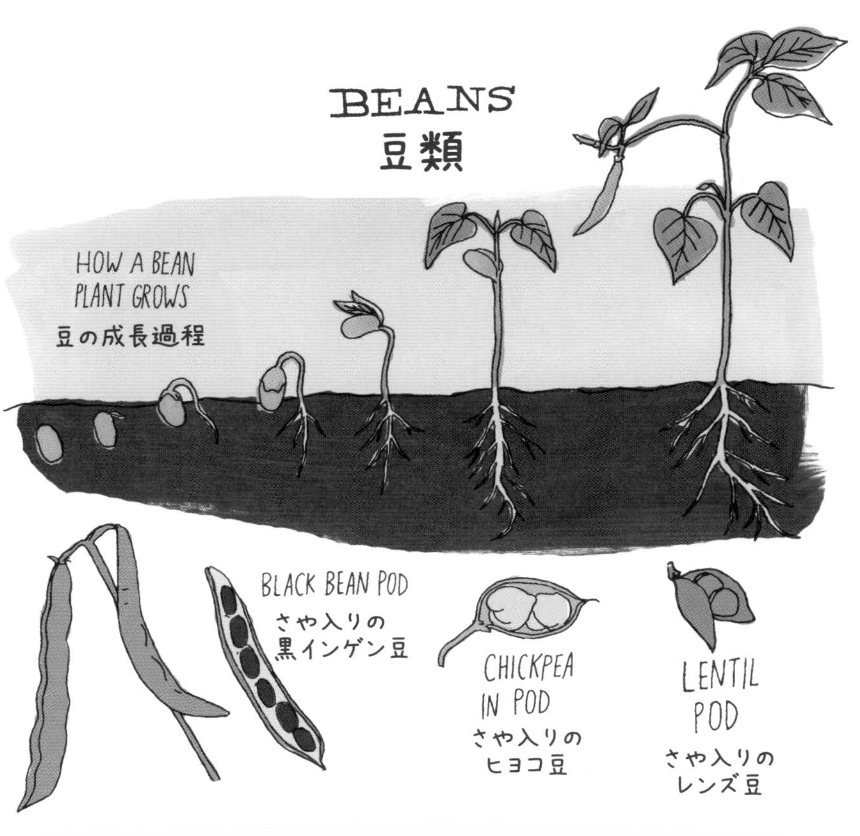

Bean Varieties
いろいろなインゲン豆

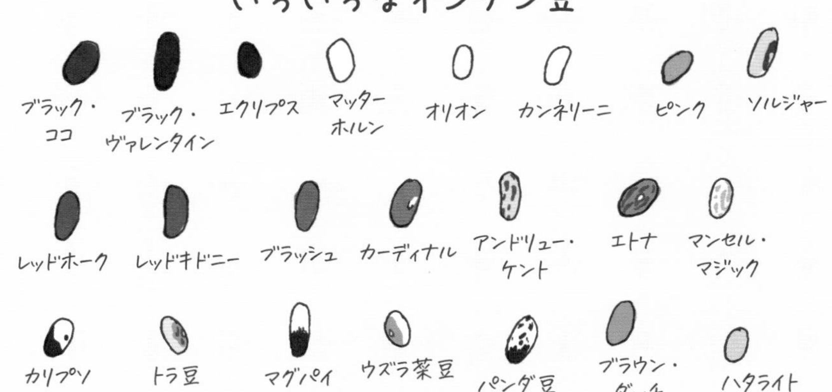

SHELL GAMES
本物のナッツはひとにぎり

ナッツと呼ばれるもののうち、植物学上で本物の木の実(ナッツ)に相当するのはほんのひとにぎりだが、堅い殻のなかに可食種子が入っているものは、ほとんど何でもナッツと呼ばれている。ドングリ、ブナの実、クリ、ヘーゼルナッツなどの本物のナッツは、非裂開果(ひれつかいか)といい、堅い果皮のなかに数個の実が入っており、成熟しても自然には裂開しない。

FEELING NUTTY
ややこしいナッツ

Cashew
カシューナッツ

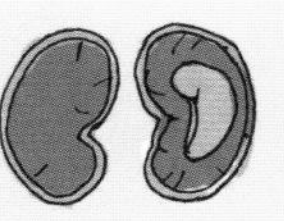

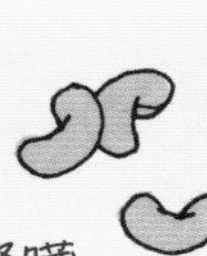

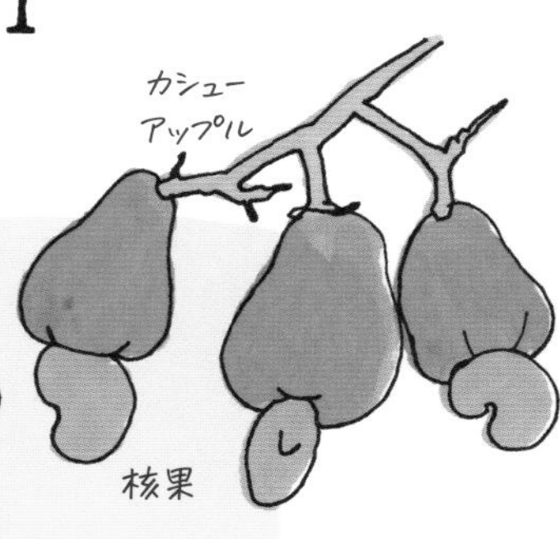

本当は木の実（ナッツ）ではなく、カシューの木の腎臓形の核果のなかに入っている種子。カシューの核果は、ややこしいことにカシューアップルと呼ばれるナシのような形をした花托の先端にへばりついている。

Walnut クルミ

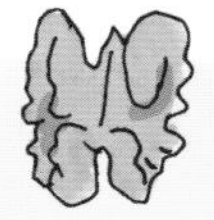

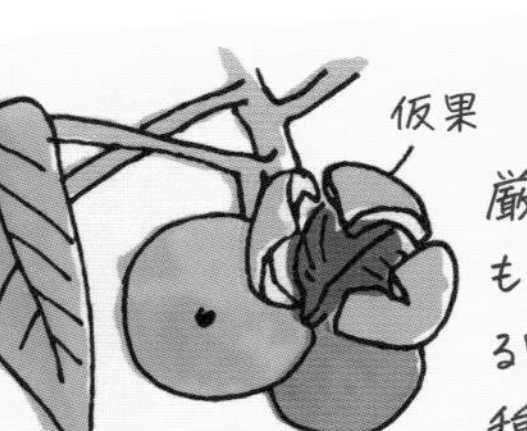

厳密には、核果もしくは石果。食用に何十種類もの品種が栽培されているが、アメリカで見かける野生のクルミはブラックウォルナット（黒クルミ）のみ。種子を割って仁を取り出すのは大変だが、その甲斐はある。

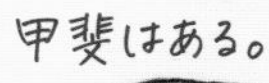

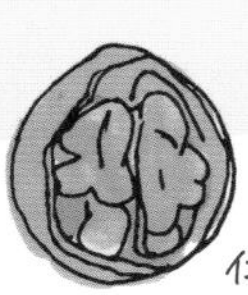

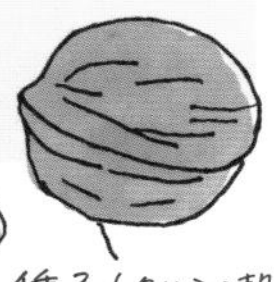

Peanut ピーナッツ

ラッカセイの種子。レンズ豆やエンドウ豆や大豆と同じように、ピーナッツは厳密に言えば豆類であり、さやのなかに可食種子が形成される。

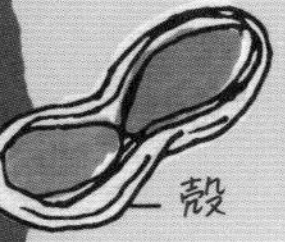

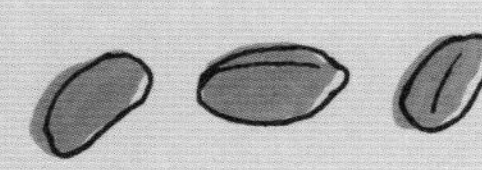

PEANUT POWERED
ピーナッツ・パワー

Bumbu Kacang
ブンブカカン

インドネシアのピーナッツソース。炒ってすりつぶしたピーナッツ、香辛料、ココナッツミルク、醤油、タマリンド[トロピカルフルーツ]、ガランガル[ショウガに似たスパイス]、ニンニクで作る。ガドガドという温野菜のサラダのドレッシングや、サテなどの串焼き料理や焼き肉のたれとして用いられる。

Kong Bao Ji Ding
ゴンバオジーディン(宮保鶏丁)

鶏肉とピーナッツをトウガラシとともに炒めた中国の四川料理で、アメリカのクンパオチキンはここから派生した。

Ka'i Ladrillo
カイ・ラドリーリョ

パラグアイのピーナッツ入り豆板。糖蜜を使って作る古来の伝統菓子。

Maafe
マフェ

西アフリカの家庭料理で、すりつぶしたピーナッツもしくはピーナッツバター、トマト、しょうが、玉ねぎ、ニンニクで作る甘辛いソースで肉を煮込む(バンバラマメなど西アフリカ原産のピーナッツに似た豆が使われる場合もある)。

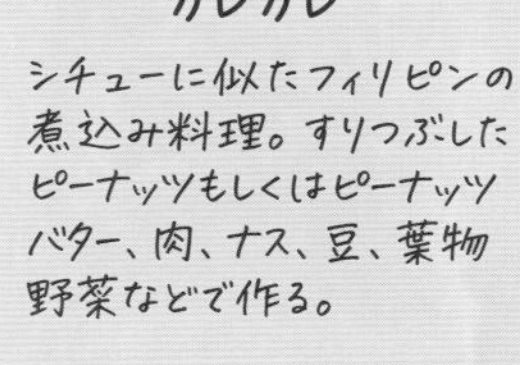

Kare Kare
カレカレ

シチューに似たフィリピンの煮込み料理。すりつぶしたピーナッツもしくはピーナッツバター、肉、ナス、豆、葉物野菜などで作る。

CRACKING UP
楽しいナッツクラッカー

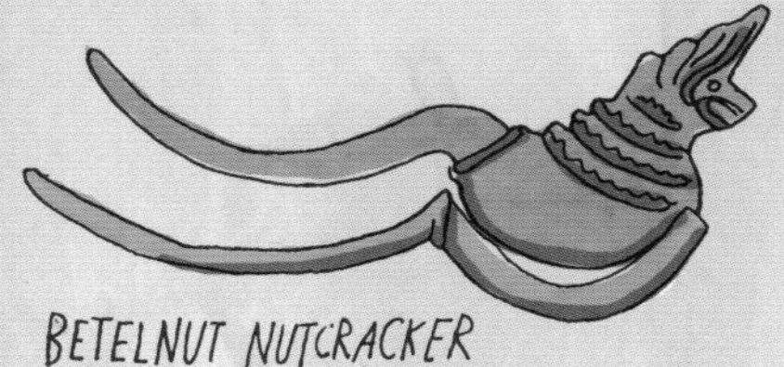

BETELNUT NUTCRACKER
ビンロウジ〔ビンロウの果実〕用
ナッツクラッカー
19世紀、東南アジア

TOY SOLDIER NUTCRACKER
おもちゃの兵隊の
クルミ割り
2000年、ドイツ

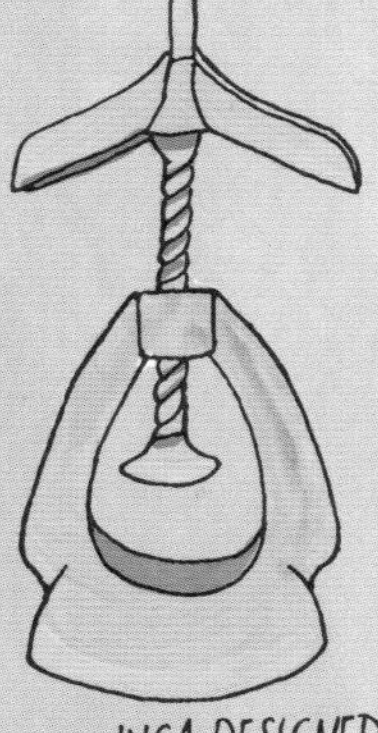

METAL INCA-DESIGNED,
インカ風デザインの
金属製ナッツクラッカー
1950年代、スイス

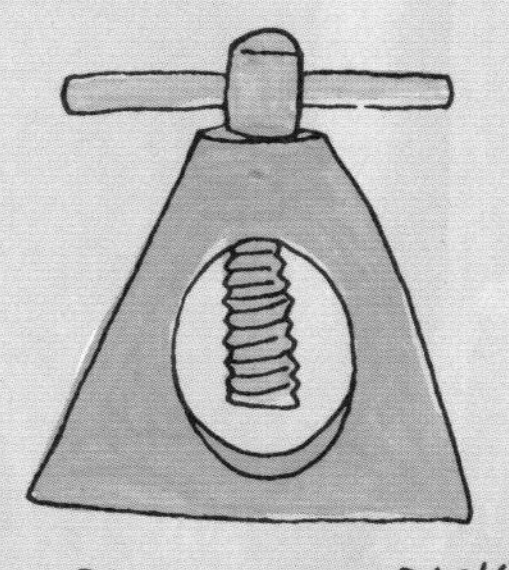

BRONZE NUTCRACKER
銅製ナッツクラッカー
1950年代、オーストリア

WOODEN
WOMAN
NUTCRACKER
木製女性像
ナッツクラッカー
1950年代、ポリネシア

CAST IRON DOG NUTCRACKER
鋳鉄製の犬のナッツクラッカー
1880年代、アメリカ

HOW TO MAKE TOFU
豆腐の作り方

1. Make Soy Milk 豆乳を作る

豆乳を作るには、乾燥大豆を水にひたしてから
水煮し、すりつぶしてから漉す。日本では豆乳を
搾ったあとの搾りかすを「おから」と呼び、
野菜や醤油、みりんとともに炊く
「卯の花の炒り煮」などの料理に用いる。

2. Coagulate 凝固させる

搾りたての豆乳を温め、「にがり」を入れて
凝固させる。にがりとは、海水から食塩を
析出させたあとの残液。温めた豆乳の
表面にできる膜は「ゆば」と呼ばれ、
これをすくい取って食べる。

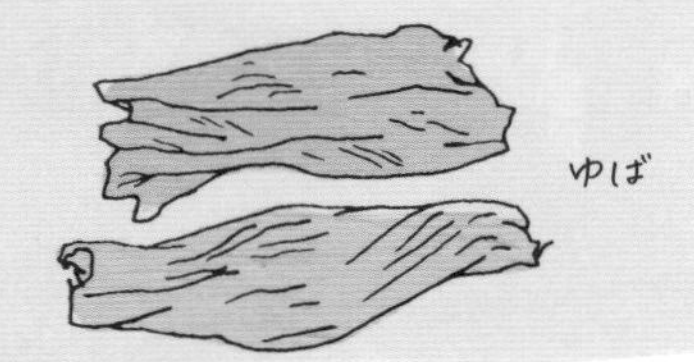
ゆば

3. Curds & Whey

大豆カードと大豆ホエー

［英語では］チーズ作りになぞらえて、豆腐作りの場合も、豆乳の油分とタンパク質が固まったもの（＝豆腐）は「カード」と呼ばれ、残った水分は「ホエー」と呼ぶ。

4. The Press 型入れ

豆腐はやわらかいままでも食べられるが、型入れして圧搾し、四角い形にする。圧搾（あっさく）に時間をかけるほど固くなる。

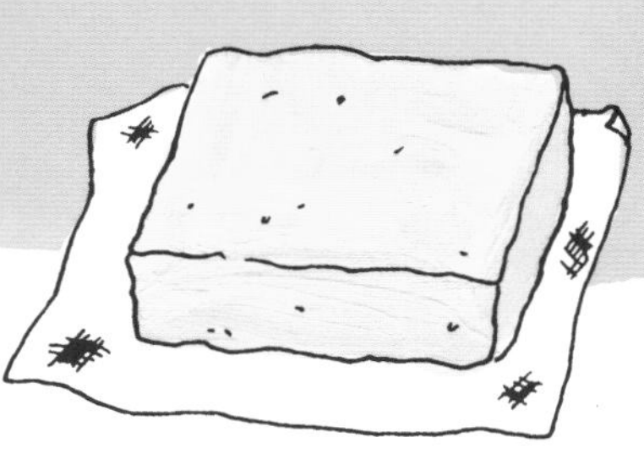

DOÙ GAN or DRY TOFU

ドウガン（豆干）

台湾料理に欠かせない食材。圧搾によって水分がほとんどなくなった、非常に固い乾燥豆腐。

SILKEN TOFU

寄せ豆腐（おぼろ豆腐）

型入れや圧搾をしていないクリーミーな豆腐。

CHAPTER 3
A Grain of Truth
穀物のこぼれ話

すばらしい穀物
Good Grains
麦の穂
BARLEY
オオムギ
種子含有
部分
(シードヘッド)
のぎ
芒
TWO ROW
二条オオムギ
SIX ROW
六条オオムギ
RYE
ライムギ
OATS
オーツムギ
(オートムギ)
WHOLE OATS
ホールオーツ
外皮のついた全粒オーツ。
OAT GROATS
オートグローツ
全粒オーツから
外皮を取り除いたもの。
STEEL-CUT OATS
スチールカットオーツ
グローツを挽き割りにしたもの。
ROLLED OATS
ロールドオーツ
押し麦。グローツを蒸して、
平らにつぶしたもの。

WHEAT コムギ

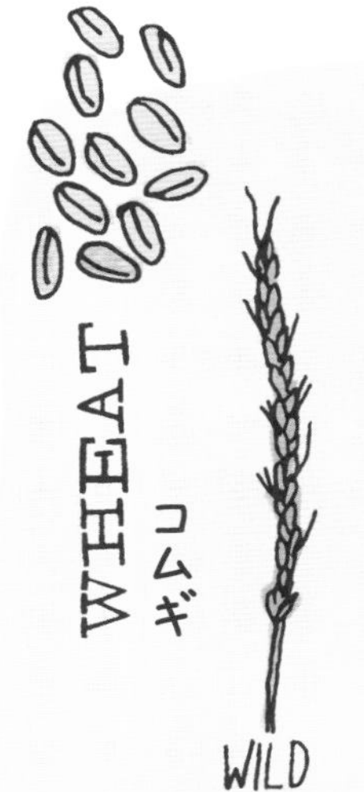

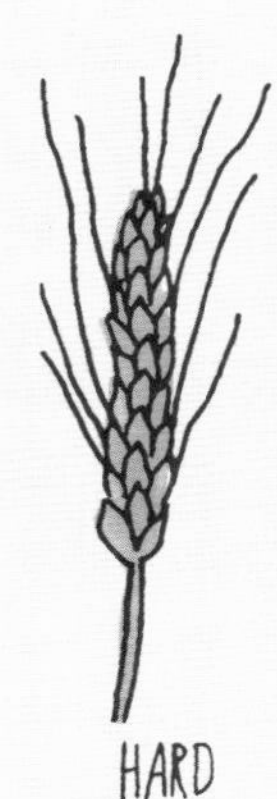

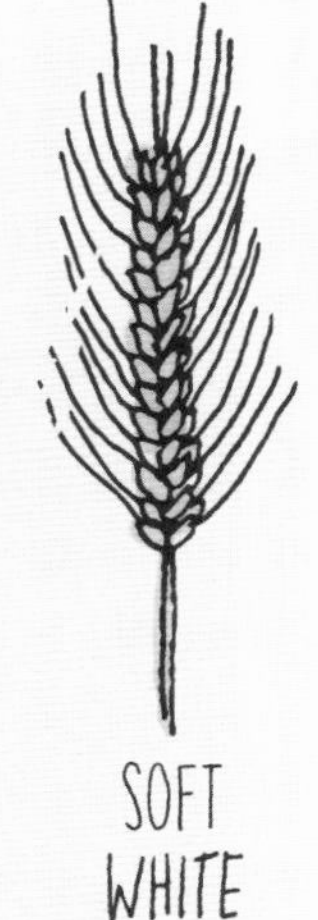

WILD WHEAT
野生コムギ

大昔の人びとがほっそりとした野生コムギを飼いならしたことによって、栽培植物としてのコムギが誕生した。

SOFT RED WINTER
軟質赤色冬コムギ

このコムギで作る薄力粉は、ケーキ、ビスケット、パイ生地、マフィンなどのお菓子作りに使われる。

HARD RED WINTER
硬質赤色冬コムギ

中力粉を作るのに使われる。ペストリー用の小麦粉のタンパク質含有量を増やすためにも使われる。

DURUM
デュラムコムギ

パスタ用のセモリナ[挽き割りコムギ]を作るのに使われる。

SOFT WHITE
軟質白コムギ

ペストリー用の小麦粉やパイ生地を作るのに使われる。

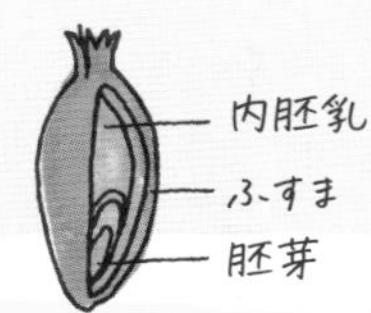

MILLET アワやヒエ、キビの仲間

PEARL MILLET
トウジンビエ

FOXTAIL MILLET
アワ

FINGER MILLET
シコクビエ

PROSO MILLET
キビ

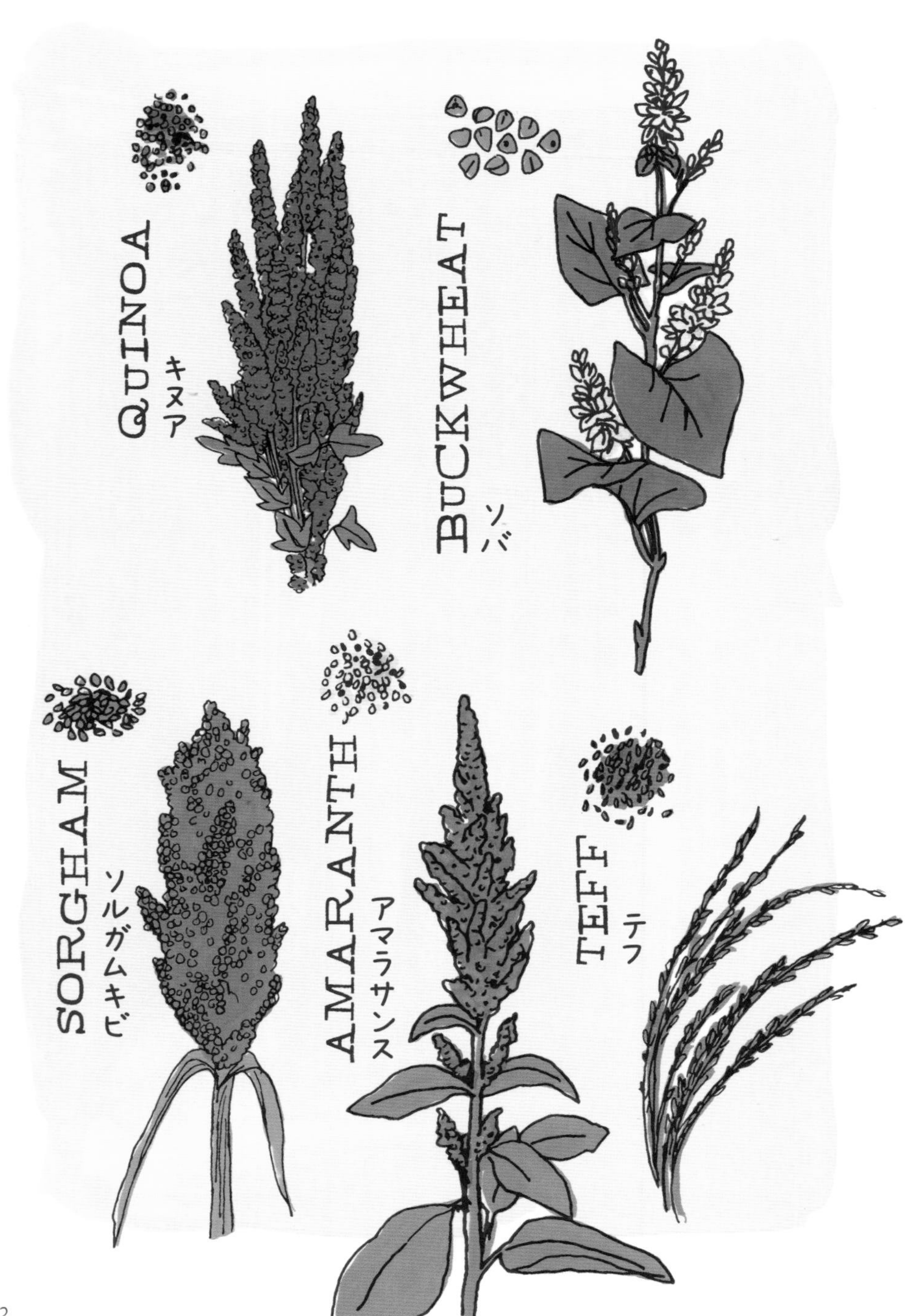
QUINOA
キヌア
BUCKWHEAT
ソバ
SORGHAM
ソルガムキビ
AMARANTH
アマランサス
TEFF
テフ

CORN
トウモロコシ

さまざまな種類のトウモロコシが栽培されている。スイートコーンは食用となり、デントコーンはトルティーヤや飼料、油、燃料、甘味料の材料として使われる。硬いフリントコーン（別名インディアンコーン）はポップコーンとして食べられる。

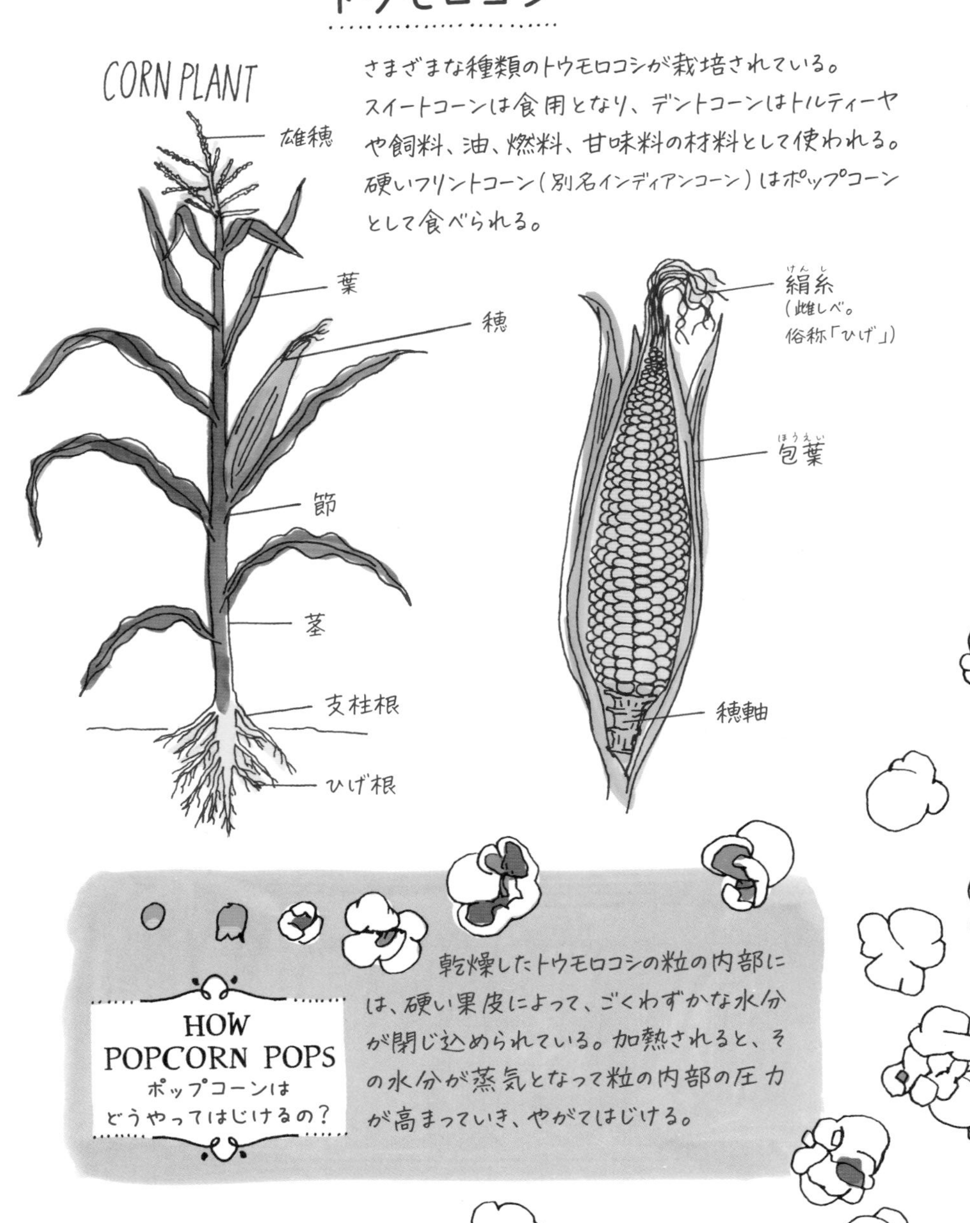

HOW POPCORN POPS
ポップコーンはどうやってはじけるの？

乾燥したトウモロコシの粒の内部には、硬い果皮によって、ごくわずかな水分が閉じ込められている。加熱されると、その水分が蒸気となって粒の内部の圧力が高まっていき、やがてはじける。

KINDS OF RICE
米の種類

ARBORIO
アルボリオ

BASMATI
バスマティ

JASMINE
ジャスミン

ROSE MATTA
マッタ（ローズ）

BHUTANESE RED
ブータニーズ（赤）

GLUTINOUS OR STICKY
もち米

KOSHIHIKARI
コシヒカリ

CAMARGUE RED
カマルグ（赤）

BLACK
黒米

DARK WILD
ワイルドライス

BROWN SHORT GRAIN
玄米

RED CARGO
赤米

GROWING RICE
米の栽培

通常、米の栽培には3か月かかる。人の手で田植えや収穫をする方法もある。まず、雑草を防ぐために水を張った田んぼに、何列もの苗を植えていく。丈が90センチくらいまで伸びたら、鋸鎌（のこぎりかま）で稲刈りをし、脱穀機にかけて籾（もみ）と茎に分ける。籾の水分を乾燥させてから、籾すりをする。籾だけを取り除いたものが玄米で、木の実のような風味や栄養のある糠（ぬか）と胚芽が残っている。白米は籾を外しただけでなく、精米によって糠や胚芽も取り除いたもの。

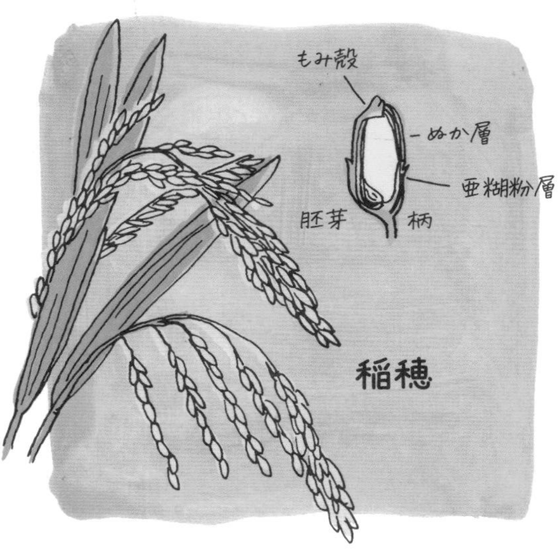

米には4万種類以上もの品種があり、南極大陸以外のすべての大陸で栽培されている。

MICHETTA
ロゼッタ
(イタリア)
SIMIT
シミット
(トルコ)
CEBULAK
セブラク
(ポーランド)
BREADS
AROUND
THE
WORLD
世界のパン
BOLILLO
ボリージョ
(メキシコ)
TSOUREKI
ツレーキ
(ギリシャ)
COTTAGE LOAF
コテージローフ
(イギリス)
MANTOU
マントウ
(中国)
GRISSINI
グリッシーニ
(イタリア)

NAAN
ナン
（西、中央および南アジア）

BRIOCHE BUN
ブリオッシュ
（フランス）

チャパティ
（インド）
CHAPATI

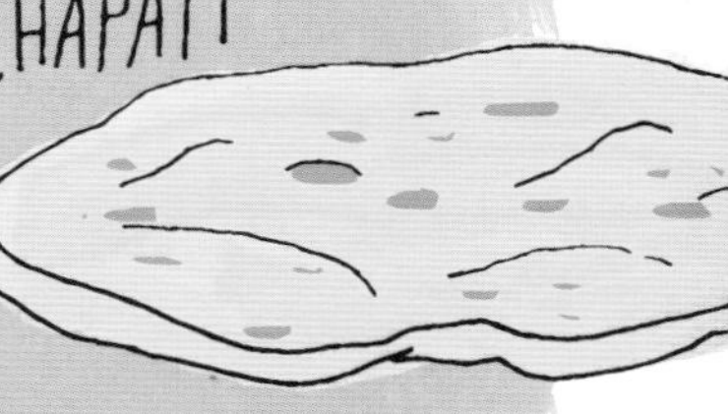

BAMMY
バミー
（ジャマイカ）

SODA BREAD
ソーダブレッド
（アイルランド）

CROISSANT
クロワッサン
（フランス）

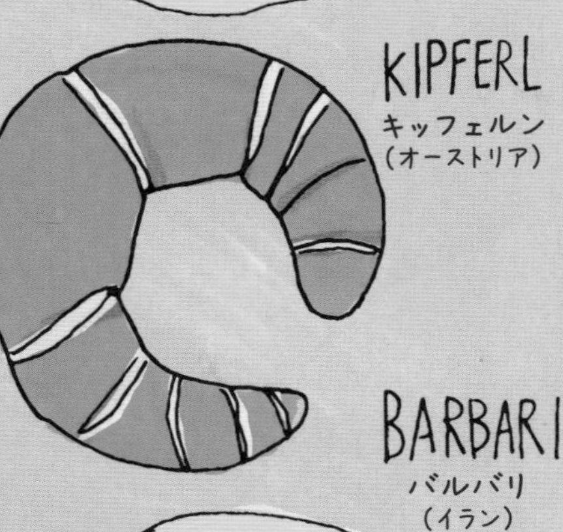

KIPFERL
キッフェルン
（オーストリア）

TIGER BREAD
タイガーブロート
（オランダ）

BARBARI
バルバリ
（イラン）

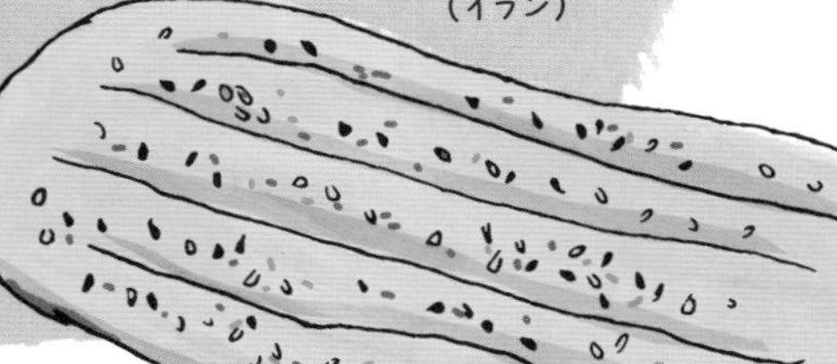

ROLLING THE DOUGH
いろんな形に生地を伸ばそう

BOILING BAGELS

ベーグルをゆでる

この東欧生まれのリング型のパンは、独特の噛みごたえのあるもちもちとした食感を出すため、焼く前にゆでる。

A TWISTED TALE

ひねりの効いた裏話

プレッツェルの起源についてはさまざまな説がある。その一つは西暦610年、イタリアの修道士たちが、子どもが手を組んで祈りを捧げているような形のパンを焼こうと思いついた、というもの。お祈りの言葉を覚えた子どもたちに、ごほうびとして与えられたこのパンは、「ささやかなごほうび」を意味するラテン語の「pretzola（プレツォーラ）」にちなんで、「pretiolas（プレティオーラス）」と呼ばれた。

KARELIAN PIE カレリアンピーラッカ

ライ麦粉と小麦粉の生地で作るこの小さなパンは、古代のカレリア地方（フィンランド南東部からロシア北西部、スウェーデンの一部にまたがる地域）発祥で、米のポリッジやマッシュポテトなどをのせて焼く。バターと卵を混ぜたものを塗る場合も多い。ピーラッカはパイを意味する。

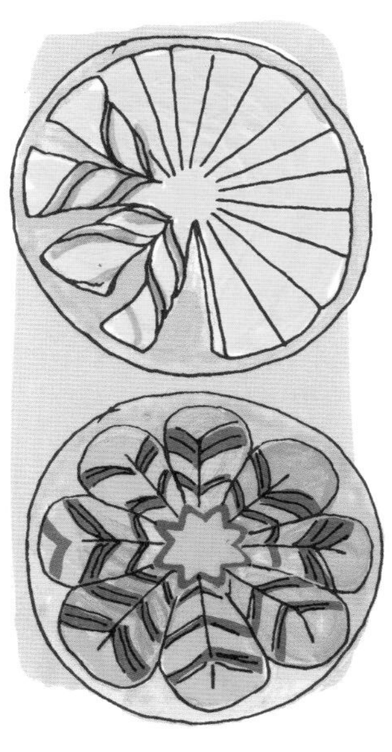

SWEDISH CINNAMON STAR BREAD

スウェーデンの星形シナモンロール

夏至祭に食べることが多いこのシナモンロールは、美しい星形でお祝い気分を盛り上げてくれる。三枚の生地のあいだにシナモンペーストを塗って重ね、中心部分の円形を残して、放射状に切れ目を入れる。隣り合った2本を逆方向にねじり、端の部分を留め合わせる。それを繰り返す。オーブンで焼いているあいだに層になった生地がふくらんで、星形になる。

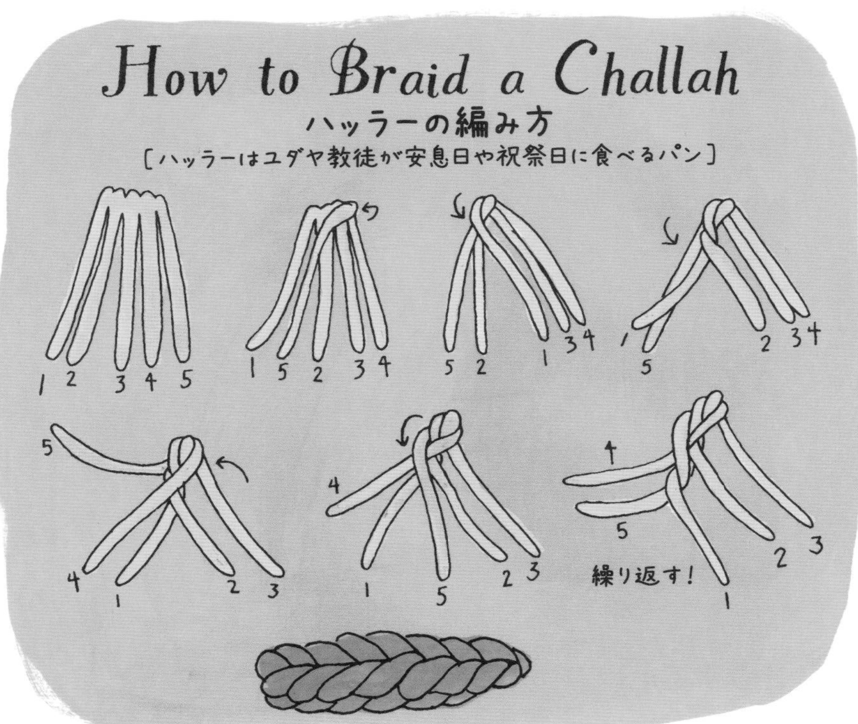

フィンランドの伝統的なライ麦パンを
友人のピルヨ・ムストネンと一緒に焼いてみた

ライ麦パンはフィンランドの食事には欠かせないパンで、チーズとともに出されることが多い。色が黒っぽく、酸味があり、ほかのヨーロッパの国々やアメリカのライ麦パンにくらべて水分が少ない。友人のピルヨは、家族で代々受け継いできた百年ものの発酵種(愛称"ルーツ")を使って、長らくライ麦パン作りにいそしんできた。三日がかりの作り方はつぎのとおり。

DAY 1

ルーツを冷凍庫から出しておく。
前回パンを焼いたときの生地を
約4分の3カップ分、取っておいたもの。

DAY 2 MAKING THE DOUGH
生地を作る

- ルーツ
- ぬるま湯 … 12.5カップ
- ドライイースト … 小さじ1/2〜1
- ライ麦粉(中挽き) … 1.5ポンド(約680グラム)

大きなボウルかバケツにルーツを入れる。
ルーツ、ぬるま湯、ドライイーストを混ぜる。
つぎにライ麦粉を加え、数時間ごとにかき混ぜる。
ボウルは布で覆っておく。

MIXING TOOL
かき混ぜ棒
トウヒの木のてっぺんの部分を削って作ったもの。

DAY 3

・塩 … 大さじ1
・ライ麦粉(中挽き) … 2.5〜3ポンド(約1.13〜1.36キログラム)

生地に塩を加える。そこへライ麦粉を少しずつ足していく。
やわらかさとともに、ある程度の固さも必要。
生地をつぶれた山型にまとめ、ナイフで十字の切り込みを入れる。
これによって、あとで生地がどれくらい発酵したかがわかる。
生地をボウルに入れ、布で覆う。2〜3時間発酵させる。

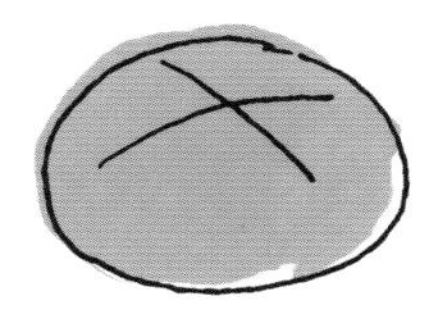

テーブルにライ麦粉で打ち粉をする。
テーブルに生地を広げ、4分の3カップ分を取り置く。
これがつぎにパンを焼くときのルーツになる。
ルーツは冷凍庫で保存する。

残りの生地を5等分に切り分ける。

生地を練って細長く伸ばし、渦巻き型に丸める。
それを何度か繰り返す。

生地をまとめ、テーブルの上で両手を使って転がし、
円錐形を作ってから、つぶれた円形にする。
残りの生地も同様にする。

生地に布をかぶせ、1時間30分発酵させる。
オーブンを約230℃に余熱する。

すべての生地をフォークで何度か刺す。
約1時間焼く（ちなみに、ピルヨが使っているのは薪式オーブン）。
パンをオーブンから取り出し、熱が冷めたら布で覆う。

バターやチーズと一緒に召し上がれ！

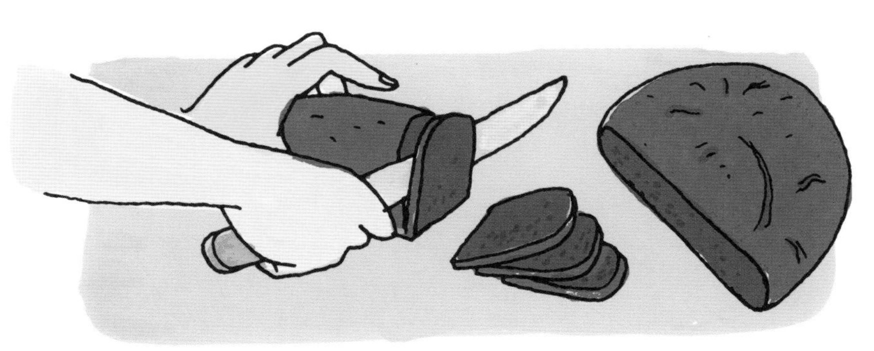

SUMPTUOUS SANDWICHES
豪華なサンドウィッチ

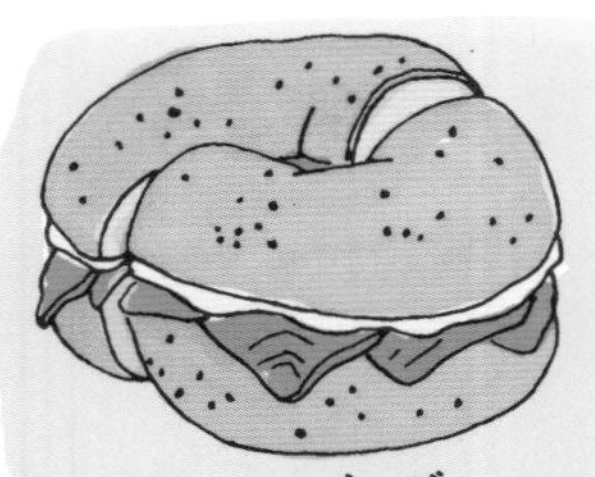

BAGEL LOX ベーグル・ロックス
(ニューヨーク、アメリカ)
ベーグル、スモークサーモン、クリームチーズ。オニオンスライスやケイパーを入れることも。

BEEF AU JUS ビーフ・オー・ジュ
(フランス)
小型のバゲット、ローストビーフ、肉汁のソース。

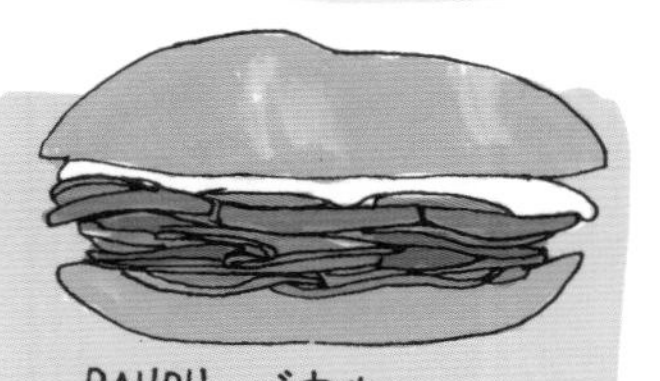

BAURU バウルー
(バウルー、ブラジル)
フランスパンのバンズ、モッツァレラチーズ、ローストビーフ、トマト、キュウリのピクルス。

CEMITA
セミータ
(メキシコ)
ブリオッシュのような形のセサミロール、スライスしたアボカド、ミラノ風ビーフカツレツ、パネラ(白いチーズ)、オニオンスライス、キルキーニャ[ルッコラのようなハーブ]、レッドソース。

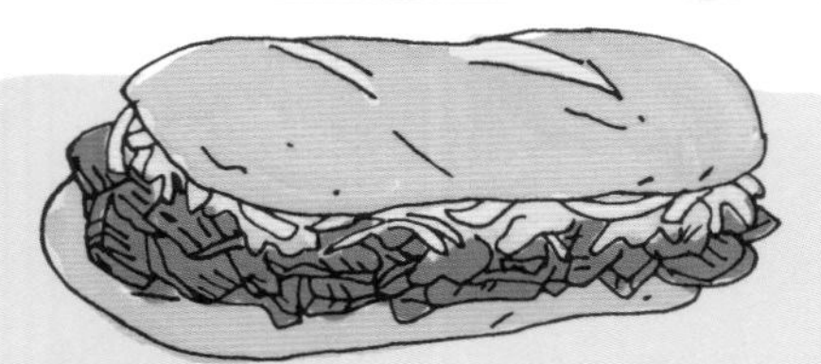

CHEESE STEAK チーズステーキ
(フィラデルフィア、アメリカ)
細長いソフトロールパン、リブロースかモモ肉のステーキの薄切り、溶かしたチーズ。オニオンソテーや胡椒、マッシュルームを入れることも。

CHACARERO チャカレロ
(チリ)
ロールパン、シュラスコ風ステーキ肉の薄切り、トマト、サヤインゲン、トウガラシ。

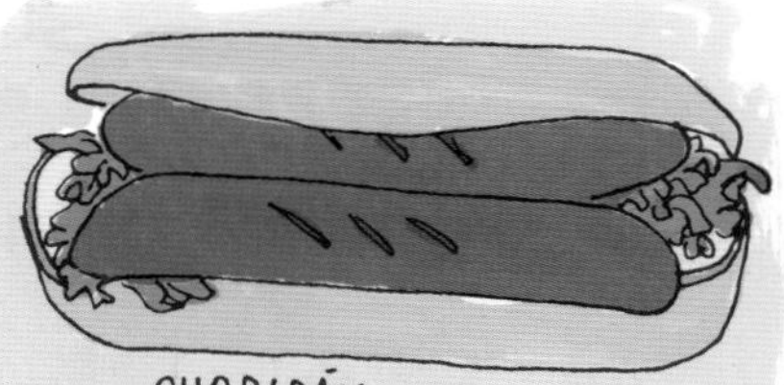

CHORIPÁN
チョリパン
(アルゼンチン、南米)

表面のカリッと焼けたパン、チョリソ、チミチュリ(パセリ、ニンニク、オレガノ、油、ビネガーで作るソース)。

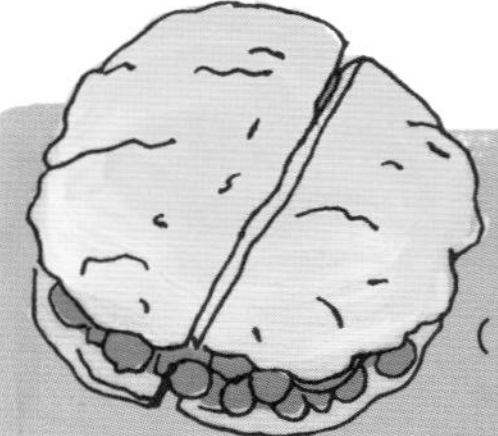

DOUBLES
ダブルス
(トリニダード・トバゴ)

バラ(平たい揚げパン)、ヒヨコ豆のカレー、マンゴー、チャドン・ベニ[ハーブの一種]、キュウリ、ココナッツ、タマリンド、ペッパーソース。

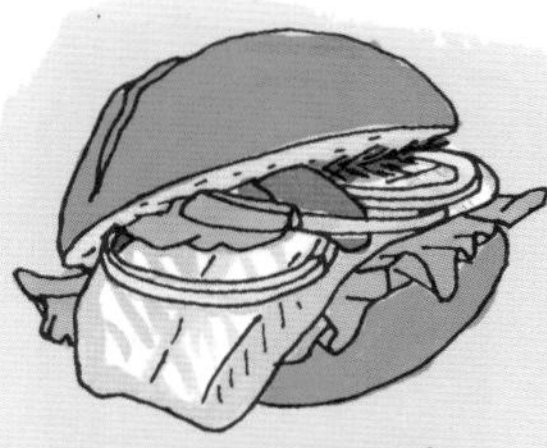

FISCHBRÖTCHEN
フィッシュブローチェン
(ドイツ北部)

ニシンの酢漬け、オニオン、ピクルス、レムラードソース[マヨネーズにマスタード、ピクルス、ケイパー、ハーブなどを合わせたソース]やケチャップやカクテルソース[トマトケチャップ、レモン汁、白ワイン、ホースラディッシュ、タバスコなどを合わせて作るソース]。

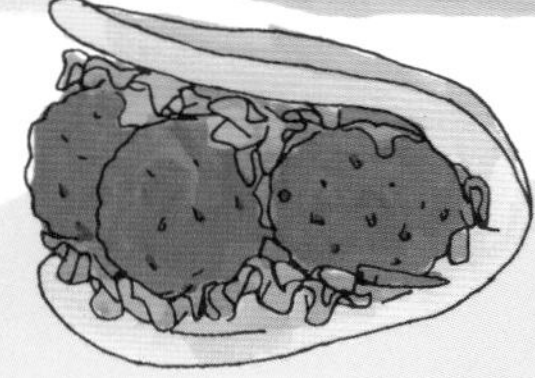

FALAFEL
ファラフェル
(中東)

ピタパン、ファラフェル(つぶしたヒヨコ豆もしくはソラマメに香辛料を加え、油で揚げたもの)、レタス、野菜のピクルス、ホットソース、タヒニソース。

GATSBY ギャッツビー
(ケープタウン、南米)

細長いロールパン、フライドポテト、肉(マサラステーキ、チキン、ソーセージなど)もしくはシーフード(魚やイカなど)。

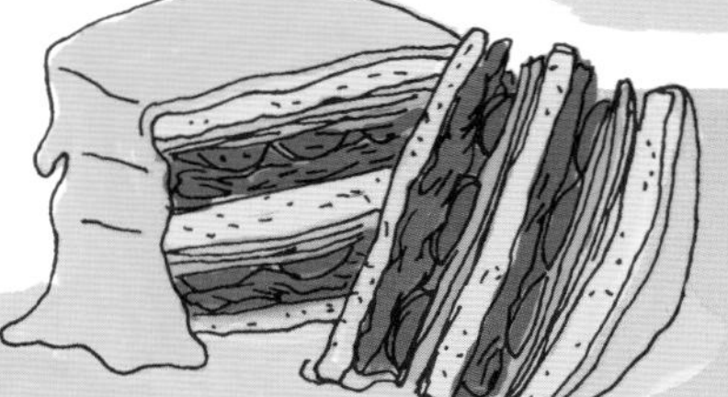

FRANCESINHA フランセジーニャ
(ポルト、ポルトガル)

パン、ハム、リングィーサ[トウガラシなどを加えたポルトガル風ソーセージ]、チポラータ(生ソーセージ)、ステーキもしくはロースト肉、チーズ、トマト、ビールソース。

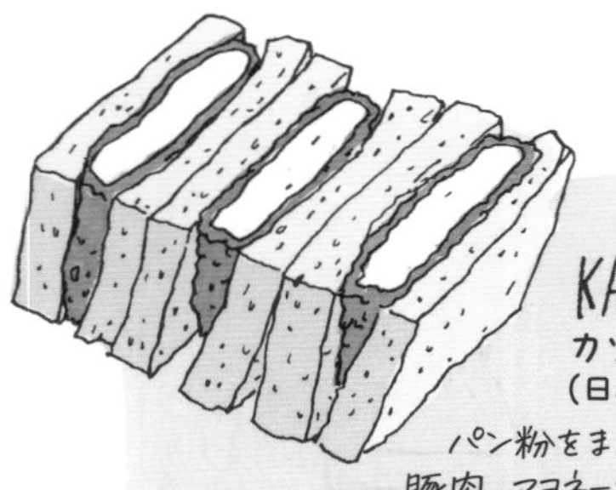

KATSU-SANDO
カツサンド
（日本）

パン粉をまぶして揚げた豚肉、マヨネーズ、和からし、とんかつソース。

LAMPREDOTTO
ランプレドット
（フィレンツェ、イタリア）

表面のカリッと焼き上がったパン、牛の第四胃（ギアラ）、パセリのグリーンソース、ホットチリソース。

LOBSTER ROLL
ロブスターロール
（ニューイングランド、アメリカ）

ホットドッグ用のパン、ロブスター、マヨネーズもしくはバター。

MONTE CRISTO
モンテクリスト
（アメリカ）

卵液にひたしたパン、ハム、チーズ、粉糖。メープルシロップをかけるか、ジャムを添える。

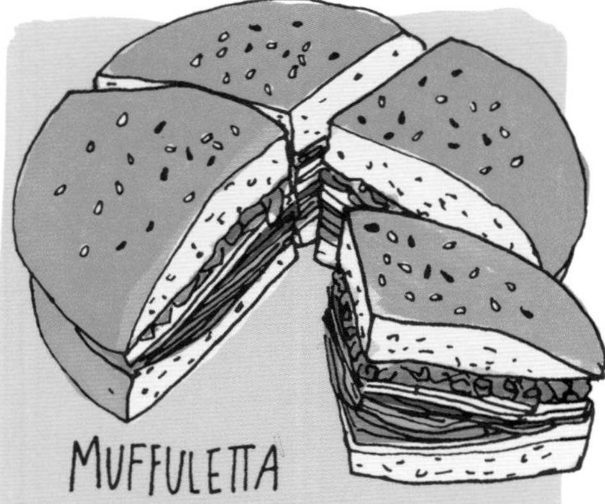

MUFFULETTA
マファレッタ
（ルイジアナ州、アメリカ）

丸いセサミブレッド、オリーブサラダ、モッツァレラチーズ、プロヴォローネチーズ、モルタデッラ［ボローニャソーセージ］、サラミ、ハム、ジャルディニエラ［野菜のピクルス］。

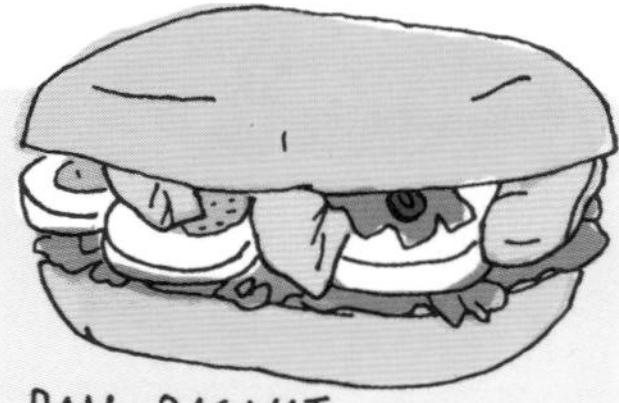

PAN BAGNAT
パン・バニャ（ニース、フランス）

サワードウ・フランスパン、固ゆで卵、アンチョビ、ツナ、生野菜、オリーブオイル。［パン・バニャは「濡れたパン」の意味。オリーブオイルや具材の水分でしっとりすることから］

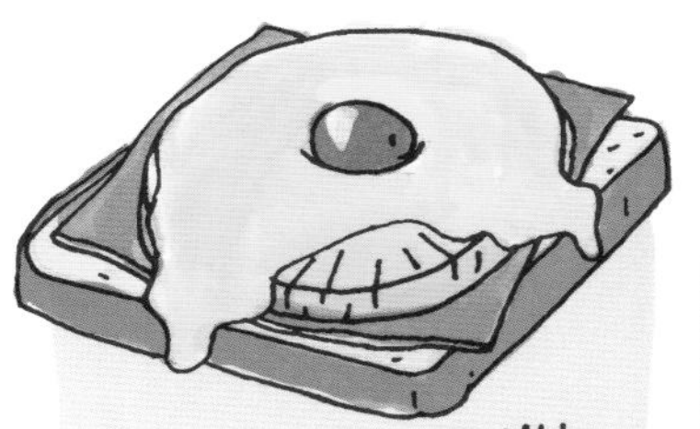

TOAST HAWAII
ハワイ風トースト（ドイツ）

白パンのトースト、ハム、チーズ、パイナップル、マラスキーノチェリー［サクランボの砂糖漬け］。

TRAMEZZINI
トラメッツィーニ
（イタリア）

耳を切り落とした白パンを三角に切ったものに、具材はさまざま。ツナとオリーブ、ルッコラとパルメザンチーズ、プロシュート［イタリアの生ハム］とモッツァレラチーズなど。

YAKISOBA-PAN
焼きそばパン（日本）

ホットドッグ用のパン、焼きそば麺（小麦粉で作った麺を蒸して、油をまぶしたもの）、豚肉、野菜、焼きそばソース、紅ショウガ、青のり。

VEGEMITE
ベジマイト
（オーストラリア）

ベジマイトを塗ったトースト。ベジマイトはオーストラリアの発酵食品であり、ビール醸造の副生成物であるイースト菌抽出物（酵母エキス）、野菜、スパイス、添加物によって作られる。

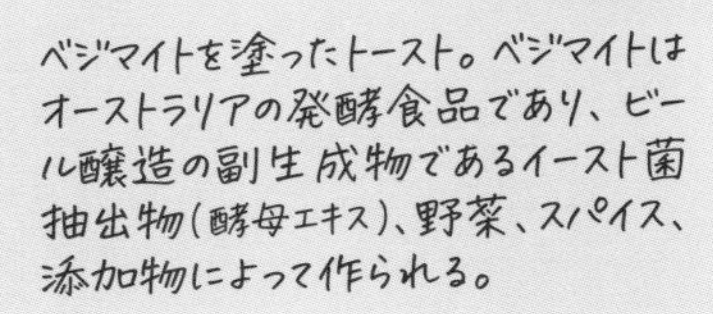

BÁNH MÌ Vietnam
バインミー（ベトナム）

バゲットに豚肉や鶏肉、魚、豆腐などをはさむ。
生のキュウリ、コリアンダー、ニンジンやラディッシュのピクルスなどの具材が一般的。

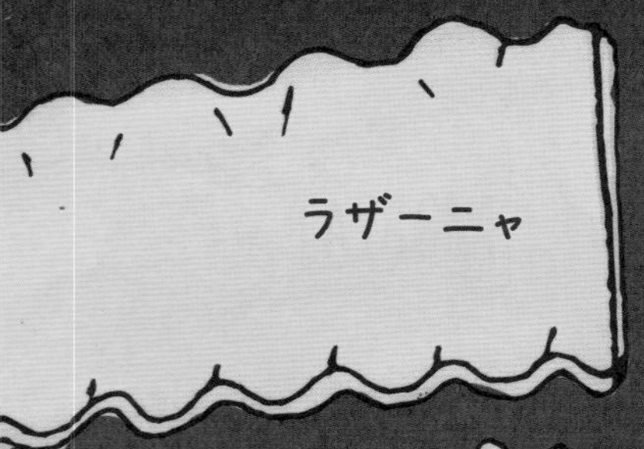

パスタの形いろいろ

SOME PASTA SHAPES

トルティリョーニ

リガトーニ

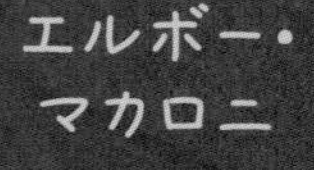

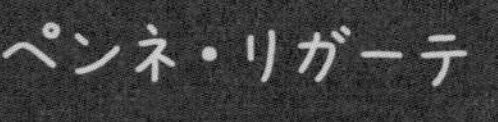

ペンネ

オルゾ
〔米粒の形〕

マカロニ

ブカーティ・コルティ

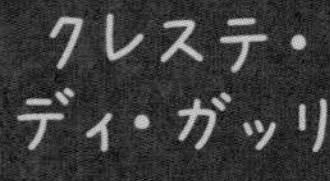

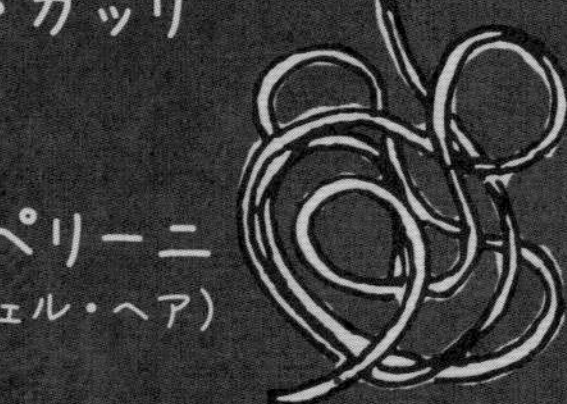

カッペリーニ
（エンジェル・ヘア）

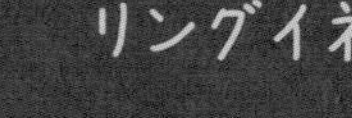

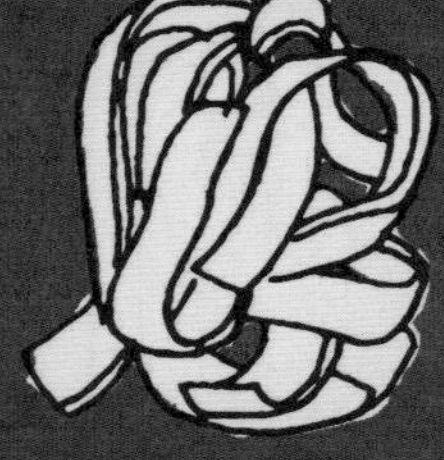

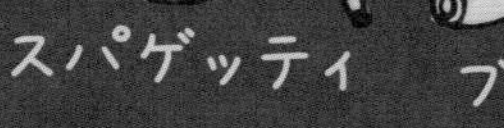

ブカティーニ

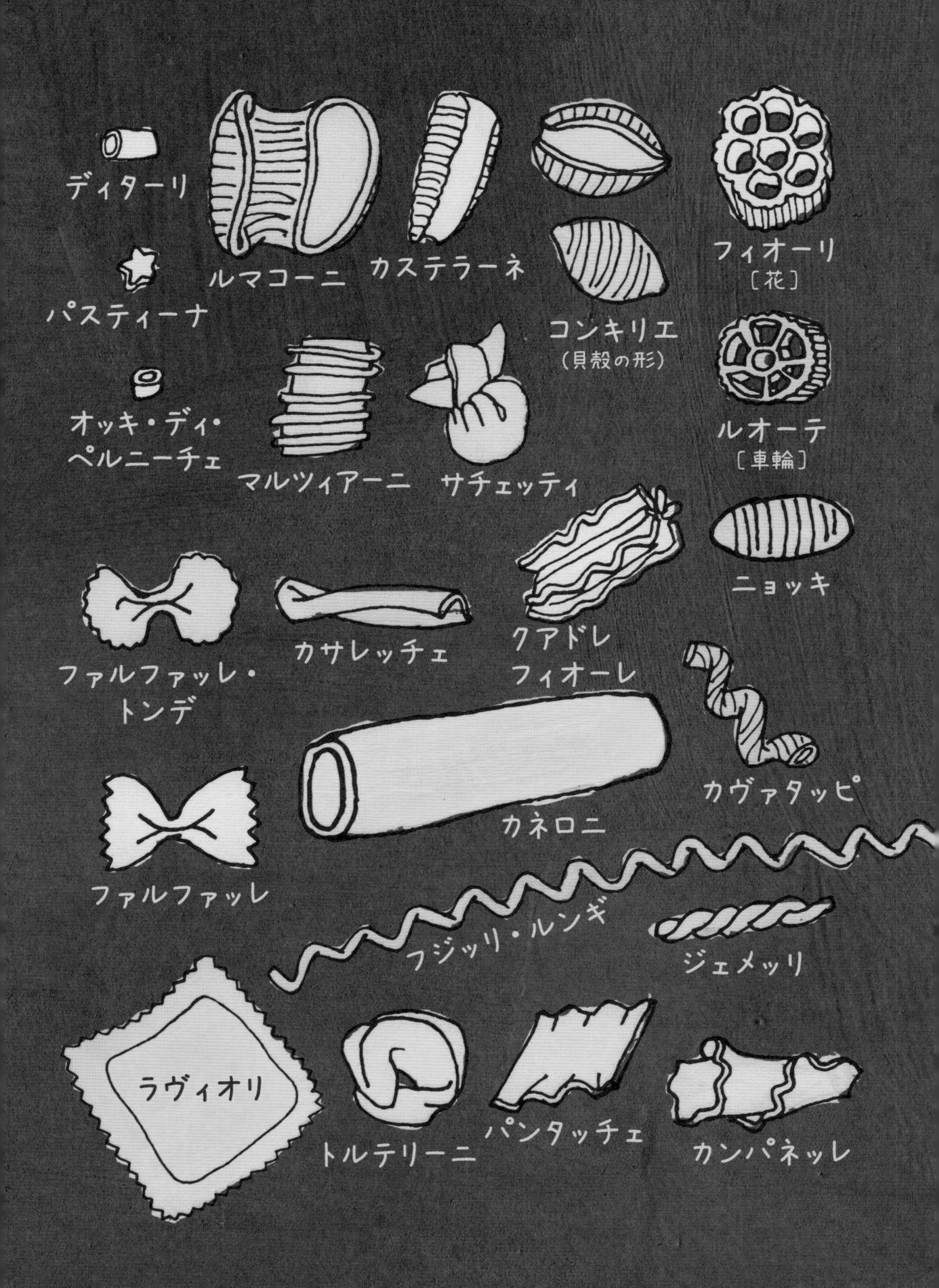
ディターリ
ルマコーニ
カステラーネ
フィオーリ
〔花〕
パスティーナ
コンキリエ
（貝殻の形）
オッキ・ディ・
ペルニーチェ
マルツィアーニ
サチェッティ
ルオーテ
〔車輪〕
ニョッキ
ファルファッレ・
トンデ
カサレッチェ
クアドレ
フィオーレ
カヴァタッピ
カネロニ
ファルファッレ
フジッリ・ルンギ
ジェメッリ
ラヴィオリ
トルテリーニ
パンタッチェ
カンパネッレ

MAKING PASTA
パスタを作る

パスタの生地は小麦粉と卵を
混ぜ合わせて作る。

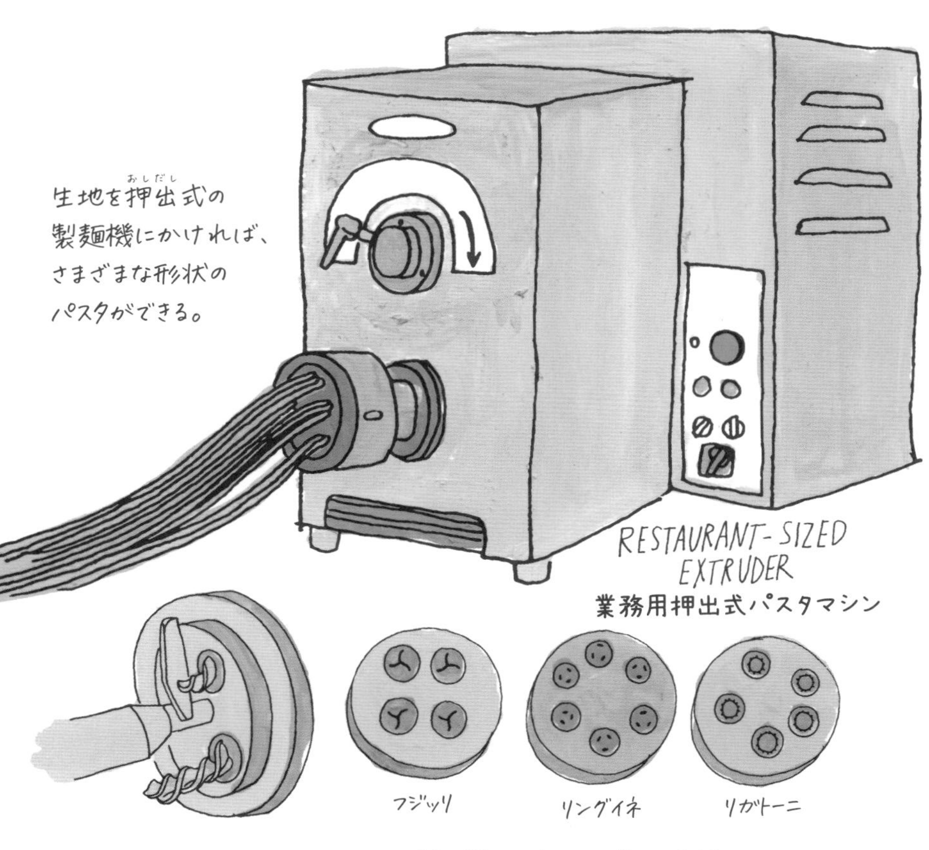

生地をそれぞれ形の異なるダイス型に通し、決まった長さに切る。

MAKING NOODLES
麺を作る

手打ちの麺作りはアジア古来の伝統で、その手法を記した古い文献は1504年のもの。

LAMIAN
ラーメン

ラーメンは中国の麺で、強力粉の生地を細長く引き伸ばして作る。手打ち製法では、生地を何度も引き伸ばして台に打ちつけることで、グルテンが強化される。さらに、それをねじり上げる。

麺を作るには、できあがった生地を横に引き伸ばして太いひものようにし、真ん中で折り曲げて2本にする。それをさらに引き伸ばし、真ん中で折り曲げて4本にする。麺が好みの細さになるまで、これを繰り返す。

SOBA
蕎麦

日本の蕎麦は蕎麦粉で作る麺。麺をつゆにつけて食べる冷製と、温かいつゆに入れる温製がある。生地を麺棒で薄く伸ばし、打ち粉をしてから折り曲げることを何度か繰り返してから、細切りにする。

DAO XIAO MIAN
刀削麺

刀削麺は中国の山西省発祥の麺。調理師が長い生地を専用の鋭利な包丁を使って、鍋の熱湯のなかにそぎ落としてゆでる。不揃いな麺の断面は三角形で、独特の歯ごたえを生み出す。

ASIAN NOODLE DISHES
アジアの麺料理あれこれ

LAKSA, Singapore

ラクサ（シンガポール）

ライスヌードルとエビや魚などの具材が、ココナッツミルク入りのスパイシーなカレースープに入っている。

DAN DAN NOODLES, China

坦々麺（中国）

四川風の甘辛い肉味噌をスープでのばしてゆでた麺にからめ、ネギなどをトッピングする。

DRUNKEN NOODLES (PAD KEE MAO)
Thailand and Laos

パッキーマオ（酔っぱらい麺）
（タイ、ラオス）

幅広のライスヌードル、醤油、ナンプラー、肉もしくは魚、野菜、トウガラシ、胡椒、ガパオ炒めの素（バジル調味料）。

MILMYEON, Korea

ミルミョン（釜山、韓国）

小麦粉とサツマイモ澱粉で作った黄色っぽい細麺を、肉や野菜を煮込んだ冷製スープに合わせ、ゆで卵を添える。

KYAY OH, Myanmar

チェーオー（ミャンマー）

豚肉を煮込んだあっさりしたスープに、ライスヌードル、肉団子などを入れる。

BÁNH HỎI, Vietnam

バインホイ（ベトナム）

バインホイは極細のライスヌードルを編んだもの。肉や炒めたネギをのせて食べる。

Jane's (My Mom) Noodle Pudding

ジェイン(私のママ)のヌードル・プディング

- 幅広の卵麺 … 約280～340グラム
- 卵 … 8～10個
- 無塩バター … 約115グラム
- 砂糖 … 3/4カップ
- カッテージチーズかファーマーズチーズ … 約450グラム
- シナモンパウダー … 適宜
- サワークリーム … 約450グラム

(作る前に材料を冷蔵庫から出して室温に戻しておくとよい)

1. 麺を指定のゆで時間の最短時間で、アルデンテにゆでる。
2. 麺をゆでているあいだに、大きなボウルに卵を割り入れ、泡立て器で混ぜる。カッテージチーズ、砂糖、サワークリームを加え、全体がなめらかになるまでよく混ぜる。水気が足りなければ、溶き卵を1、2個分加える。
3. 麺をざるに上げ、そっと振って水分をよく切る。大きなボウルに麺を移す。
4. ゆでたての麺が入ったボウルにバターを入れ、ボウルの内側に沿ってぐるぐる回しながらバターを溶かし、バターをまんべんなく麺にまぶす。
5. 麺の粗熱が取れたら、麺の入ったボウルに2を加え、全体をよく混ぜる。
6. 内側にバターを塗ったオーブン皿(23センチ×33センチくらい)に5を流し入れる。
7. 表面にシナモンパウダーを振る。約180℃に余熱したオーブンで1時間ほど、表面にこんがりと焼き色がつき、卵液が固まるまで焼く。
8. 粗熱が取れるまで置いてから、四角く切る。熱いうちでも、冷めてからでもおいしい。

DELECTABLE DUMPLINGS FROM AROUND THE WORLD
世界のおいしい餃子風料理

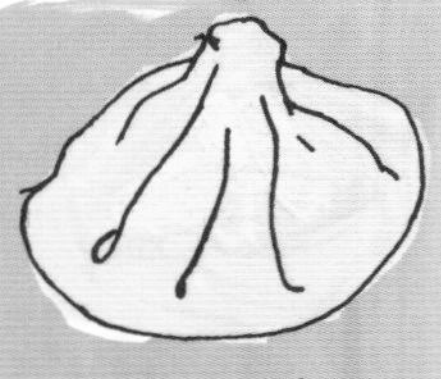

KHINKALI
ヒンカリ

餃子によく似たジョージアの料理で、中身はひき肉、玉ねぎ、トウガラシ、塩など。黒胡椒をかけて食べる。皮を閉じた部分は「クディ」（しっぽの意味）と呼ばれ、通常は食べない。

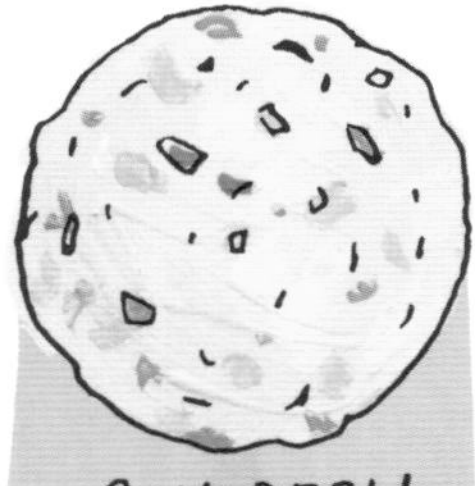

CANEDERLI
カネデルリ

アルプス山脈が走るイタリア北東部の郷土料理で、硬くなったパンを使って作る。スペックという燻製生ハムを風味付けに用いることが多い。この地方でドイツ語を母語とする人たちは、この料理を「ヌーデル」（餃子の意味）と呼ぶ。

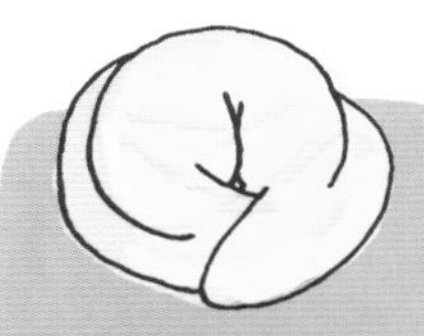

PELMENI
ペリメニ

ロシアの水餃子。皮が薄くデリケートなことで知られている。

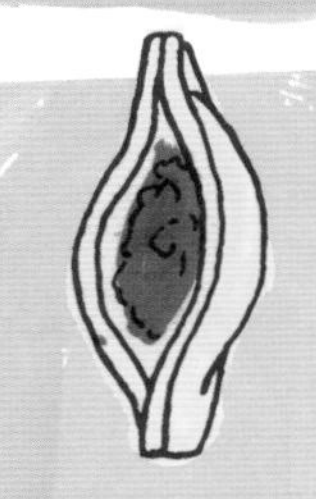

SINI NAMTI
シニ・マンティ

ラム肉で作るアメリカのオーブン焼き餃子。ヨーグルトをかけて食べることが多い。

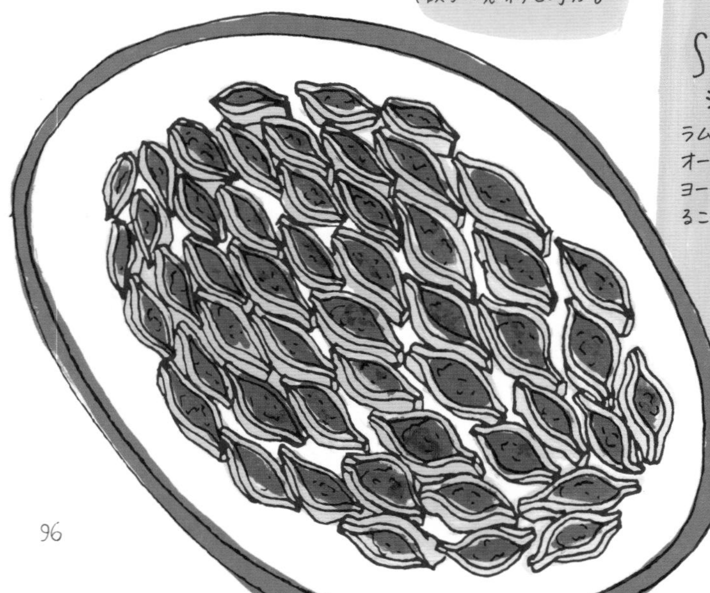

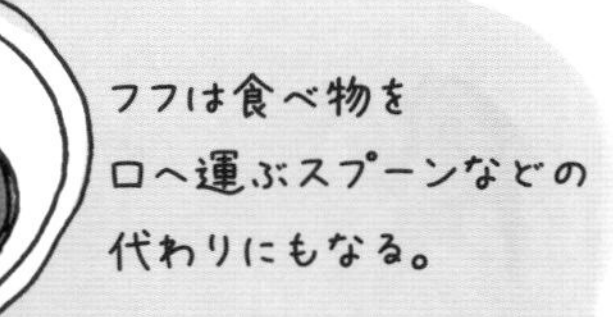

フフは食べ物を口へ運ぶスプーンなどの代わりにもなる。

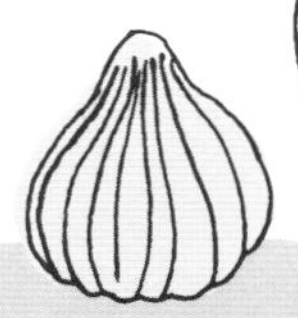

MODAK
モーダカ

インドの伝統菓子。宝珠型でいろいろな味のバリエーションがある。ヒンズー教の神、ガネーシャの好物とされている。

モーダカ専用の型

FUFU
フフ

アフリカおよびインド西部の伝統的な主食。キャッサバ、ヤムイモ、セモリナ粉、トウモロコシ粉などで作る。スープやシチューとともに食べる。

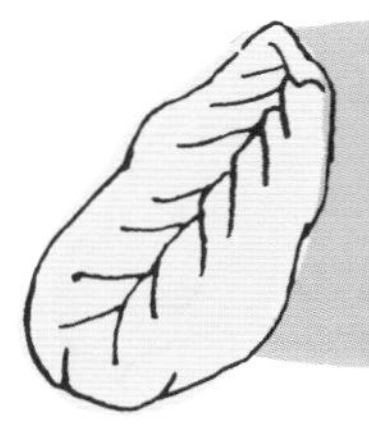

MOMO モモ

チベットやネパールなど、東および南アジアの蒸し餃子。いろいろな形があり、中身もヤクやマトン、野菜などさまざま。

HALUŠKY
ブリンゾヴェー・ハルシュキ

イタリアのニョッキに似た、ジャガイモと小麦粉で作る、スロヴァキアの代表的な郷土料理。チーズをかけ、トッピングにベーコンをのせる。

XIAO LONG BAO
小籠包（しょうろんぽう）

スープがたっぷり入った豚ひき肉の餃子。上海発祥とされている。小籠と呼ばれる蒸し器に入ったまま供される。

小籠（蒸し器）

PANCAKES AROUND THE WORLD
世界のパンケーキ

INJERA, Ethiopia
インジェラ（エチオピア）

エチオピアの主食で、イネ科の穀物テフの粉を水で溶いて発酵させたものを焼く。スポンジのような食感。ちぎって大皿の具材をすくいとるようにして食べる。

ÆBLESKIVER, Denmark
エイブルスキーバー（デンマーク）

小麦粉、バターミルク、生クリーム、卵、砂糖で作る球形のパンケーキ。

HOTTEOK, Korea
ホットク（韓国）

黒砂糖、ハチミツ、ピーナッツ、シナモンで作る甘いあんが入ったパンケーキ。

SERABI, Indonesia
セラビ（インドネシア）

米粉とココナッツミルク、パンダンリーフのエキスで作るパンケーキ。緑色はパンダンリーフの色。

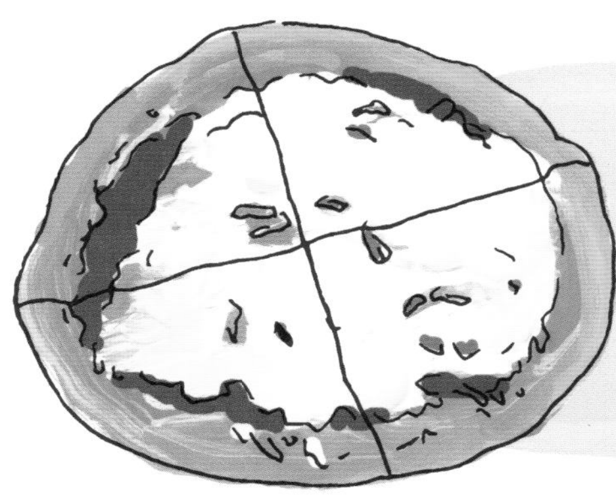

CHATAMARI, Nepal

チャタマリ（ネパール）

米粉で作るお好み焼き。
トッピングは肉や野菜で、
卵やチーズをのせることも。

BLINTZES, Russia

ブリンツ（ロシア）

小麦粉の薄いパンケーキの片面だけを
焼き、チーズやフルーツ、肉などの具材を
のせ、長方形になるように折りたたんで
から、焼くか揚げる。

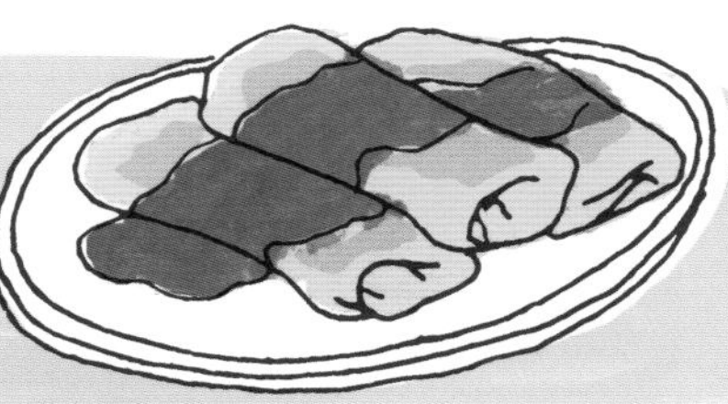

DOSA, India

ドサ（インド）

米とウラッド・ダール［皮を取って挽き割りにしたケツルアズキ］で作る発酵生地を薄く焼いた、インド風クレープ。いろいろなチャツネとともに食べる。

CREPE, France

クレープ（フランス）

小麦粉か蕎麦粉で作る生地
を薄く焼いたもの。中身は甘い
ものも、甘くないものもあり、折り
たたんだ状態で供される。

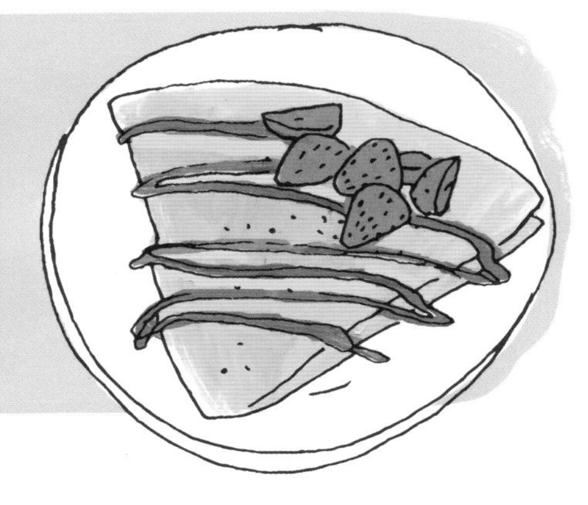

CHAPTER 4
The Meat of the Matter
お肉と魚と卵の話

PRIME CUTS
肉の部位と名称

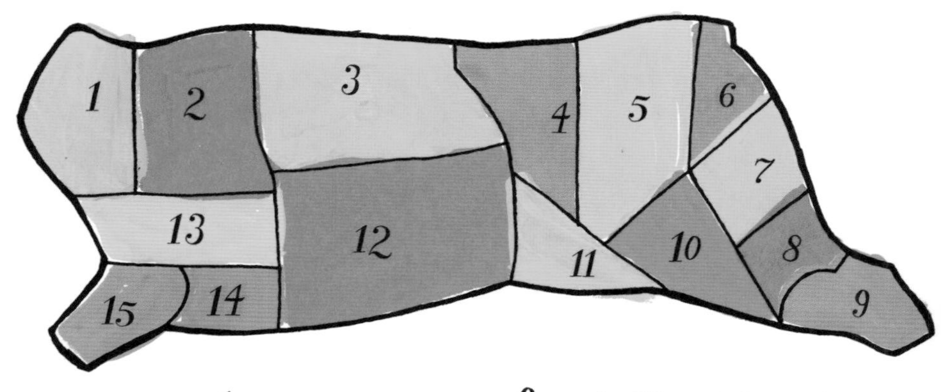

BEEF
牛肉
(ビーフ)

1 ネック
2 チャック(肩ロース)
3 リブロース
4 ショートロイン
5 ロインエンド
6 ランプ
7 モモ
8 ダイヤモンド
9 ハインドシャンク(ともすね)
10 サーロインティップ
11 フランク(カイノミ)
12 ショートプレート(三角バラ)
13 ショルダークロッド(チャックリブ)
14 ブリスケット(肩バラ)
15 フォアシャンク(前すね)

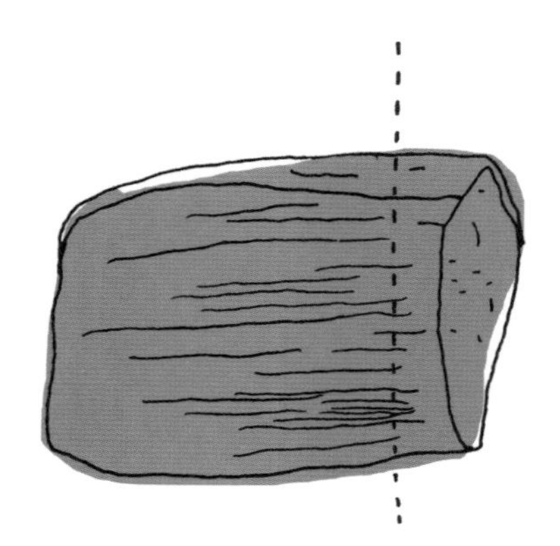

肉をスライスするときは
繊維が横になるように置き、
繊維を断ち切るようにすると
やわらかさが生まれる。

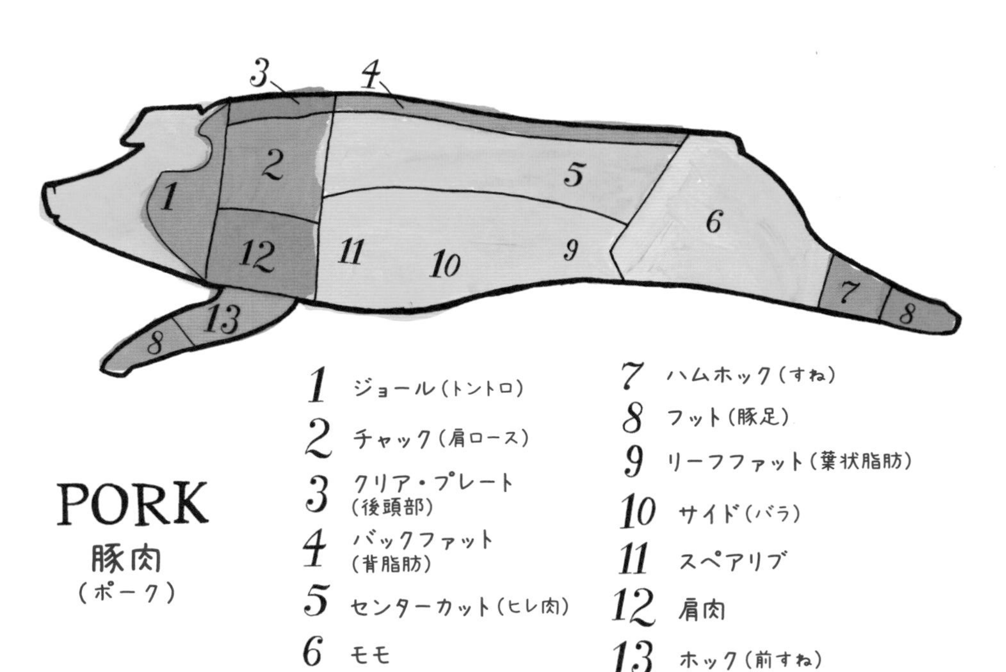

PORK
豚肉
（ポーク）

1 ジョール（トントロ）
2 チャック（肩ロース）
3 クリア・プレート（後頭部）
4 バックファット（背脂肪）
5 センターカット（ヒレ肉）
6 モモ
7 ハムホック（すね）
8 フット（豚足）
9 リーフファット（葉状脂肪）
10 サイド（バラ）
11 スペアリブ
12 肩肉
13 ホック（前すね）

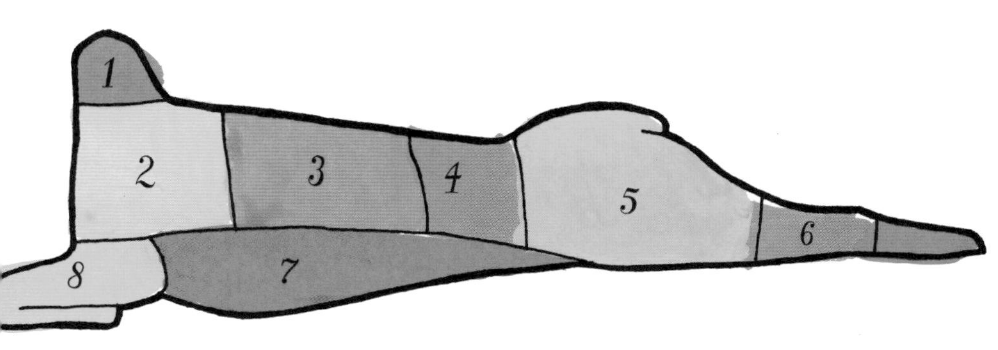

LAMB
仔羊肉
（ラム）

1 ネック
2 チャック
3 リブ
4 ロイン
5 レッグ
6 シャンク（すね）
7 ブレスト（胸肉）
8 フォアシャンク（前すね）

＊アメリカと日本では区分や呼称自体が大きく異なります

HOW MEAT COOKS
肉の火入れ

食肉はほとんど筋肉で、タンパク質からなる筋線維という細胞が集まってできている。タンパク分子は鎖状に多重連結しているが、加熱されると筋繊維の構造が変化する。すなわち、結合が破壊され、分子がバラバラになる。水分が出ることによって筋繊維が収縮し、バラバラになったタンパク分子は凝固し、半固体状になる。これを変性と呼ぶ。肉を加熱すると固くなるのは、こうしたわけ。

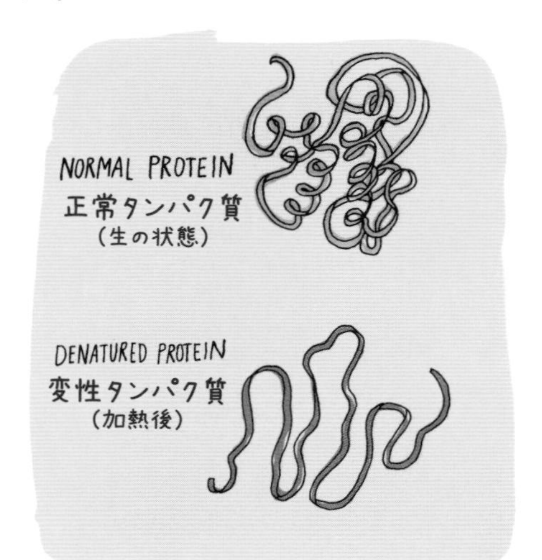

Cooking Temperatures 調理温度

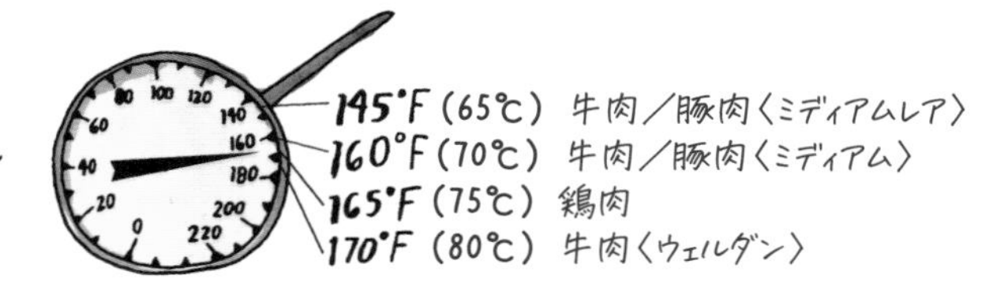

WET HEAT 湿式加熱

ボッリート・ミスト
［ボッリートはゆでた、
ミストはミックスの意味］

ゆでる、蒸す、煮込むなどは
固い肉やスジ肉などの調理に最適。

ボッリート・ミストは、北イタリアの冬に欠かせない郷土料理。牛の胸肉、筋肉、仔牛の頭、タン、雌鶏の肉などを、香味野菜をたっぷり入れたスープで何時間も煮込む。これに似た料理に、フランスのポトフがある。

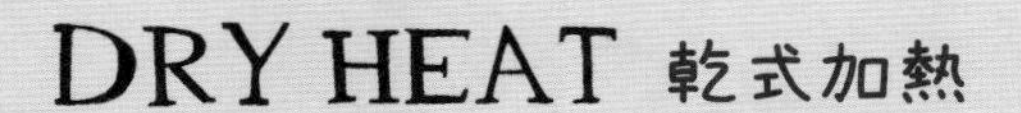

DRY HEAT 乾式加熱

下記の調理法では、熱気や炎によって肉に直接熱を伝えたり、
肉の表面を加熱したりする。油で揚げる調理法が「乾式」なのは、
水ではなく油を使うため。

On the Charcuterie Plate

シャルキュトリの盛り合わせ

フランス語の"char"(肉)と"cuit"(火を入れる)に由来するシャルキュトリは、冷凍技術が登場する以前、肉を保存するために考案された加工技術によるもの。いまでは世界でもっとも人気の高いグルメ食品となっている。

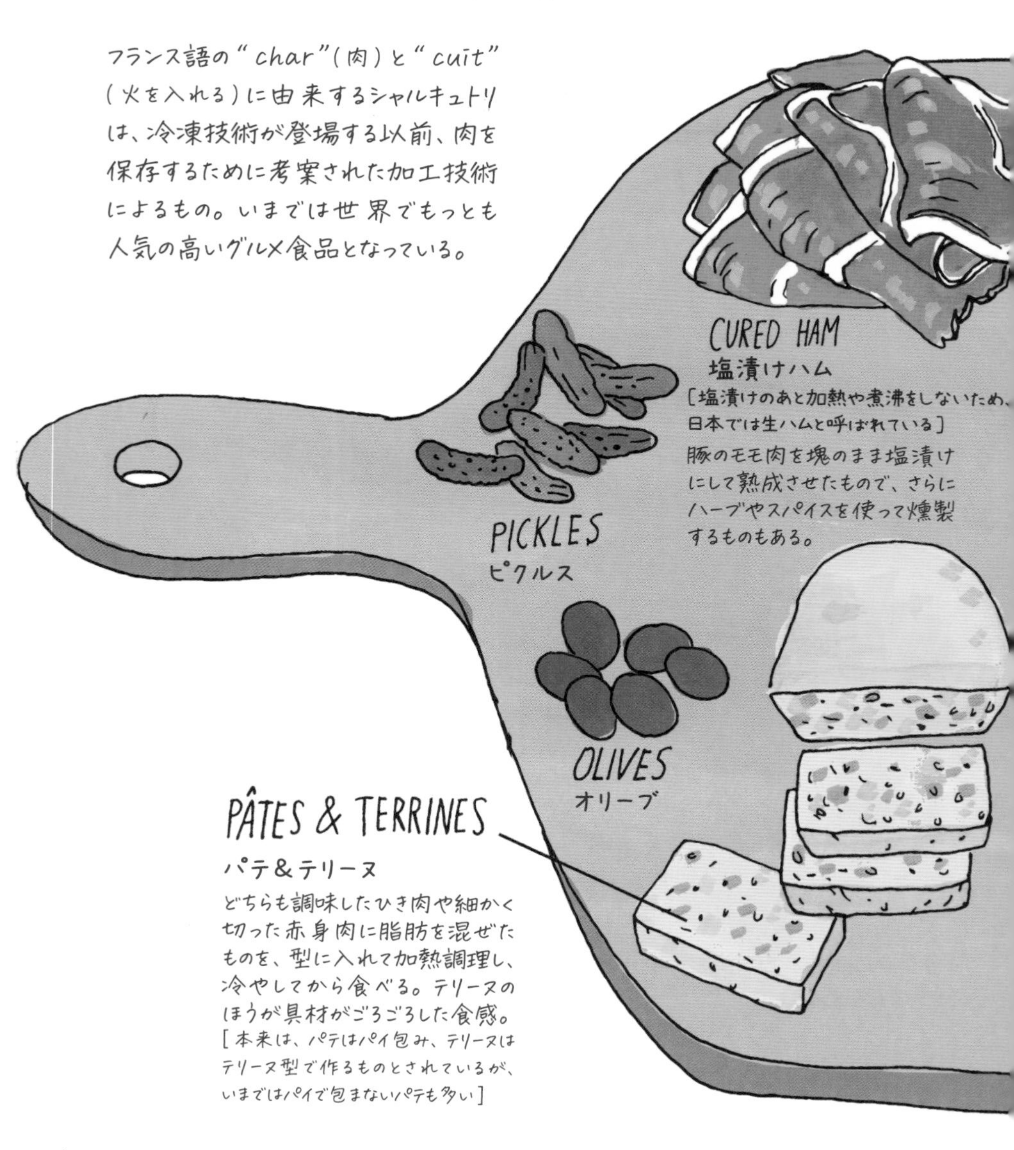

RILLETTES
リエット
豚肉を細かく切って塩と脂肪を加え、肉がほぐれるまで弱火でゆっくりと加熱して水分を飛ばす。室温まで冷ましたものをパンに塗って食べる。
CURED SAUSAGES
塩漬けソーセージ
［非加熱食肉製品の一つ］
乾燥、燻製、発酵などの処理をすることで、有益な細菌によるカビが表面に発生する。これによって風味が増し、腐敗を防ぐことができる。
MUSTARD
マスタード
GALANTINES ガランティーヌ
鳥肉の骨を取り除いた部分に野菜と調味料を加えたものを詰め、低温でゆで円筒形に整えたもの。表面にアスピック［ブイヨンで作るゼリー］を施す場合も多い。
BREAD
パン

SAUSAGE BLENDS
ソーセージいろいろ

SUMMER SAUSAGE
サマーソーセージ
［セミドライソーセージの一種］
牛肉、砂糖、マスタードシード、ガーリックパウダー、カイエンヌペッパー、赤トウガラシフレーク、燻液。

BRATWURST
ブラートヴルスト
豚肉、仔牛肉、粉乳、コショウ、セージ、玉ねぎ、ナツメグ、セロリ。

MILD ITALIAN
マイルド・イタリアン
豚肉、フェンネル、黒コショウ。

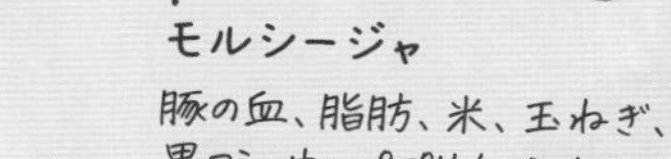

MORCILLA
モルシージャ
豚の血、脂肪、米、玉ねぎ、黒コショウ、パプリカ、シナモン、クローブ、オレガノ。

KIELBASA
キィエルバサ
豚肉、白コショウ、コリアンダー、ニンニク。

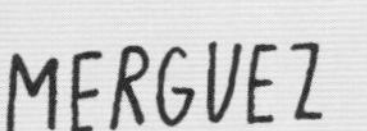

MERGUEZ
メルゲーズ
ラムか牛肉、クミン、トウガラシ、ハリッサ、スマック、フェンネル、ニンニク。

CHORIZO MEXICANA
メキシコ風チョリソ
豚肉、トウガラシ、コリアンダー、クミン、クローブ、シナモン、ニンニク、パプリカ、塩、コショウ、ビネガー。スペイン発祥のソーセージ。

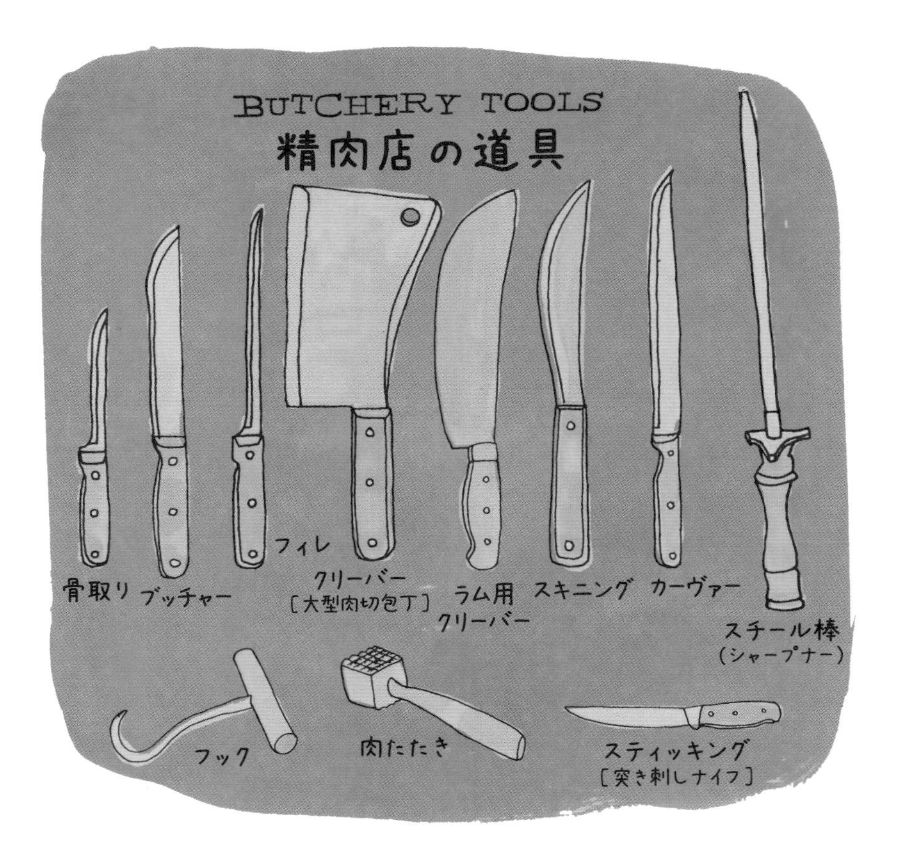

HOW TO TIE SAUSAGES

ソーセージのねじり方（成形）

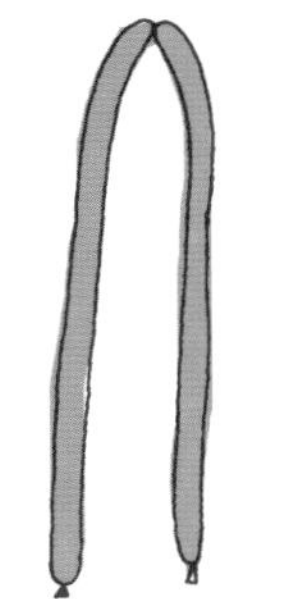

真ん中あたりで
2回ほどひねり、
二つ折りにする。

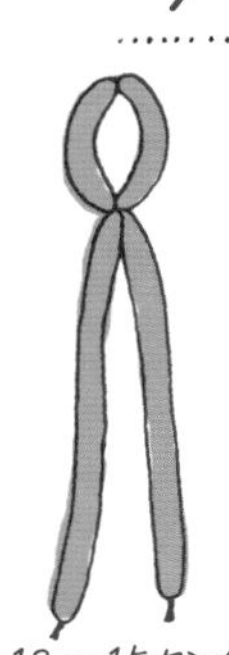

12～15センチ
ほどのところで、
ふたたび
ひねる。

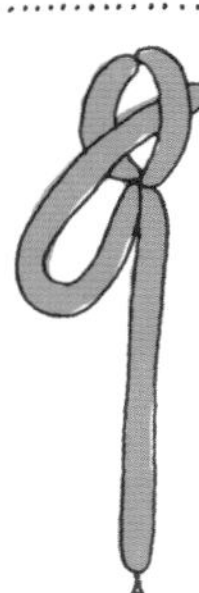

片方を
輪っかに
くぐらせる。

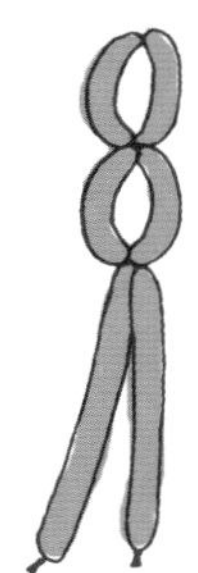

二つめの
輪っかを作り
2回ほどひねる。

もう片方を
二つめの
輪っかに
くぐらせる。

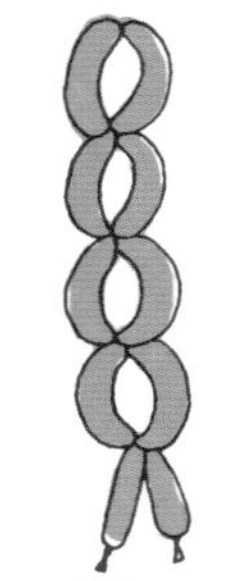

これを
繰り返す。

MEATY DISHES AROUND THE WORLD
世界の肉料理

BULGOGI, South Korea

プルコギ（韓国）

薄切りの牛肉を醤油ベースの甘いたれ（砂糖、ゴマ油、ニンニク、すりおろしたナシなど）につけ、野菜や春雨などと炒め煮にしたもの。

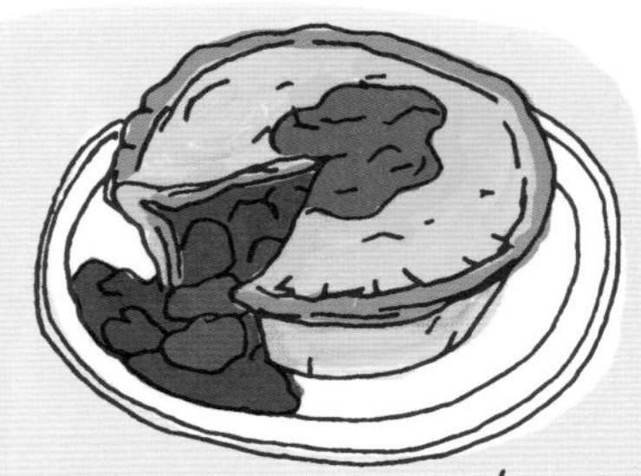

MEAT PIE, Australia

オーストラリアン・ミートパイ（オーストラリア）

肉の角切りやひき肉、グレービーソース、玉ねぎ、マッシュルームなどを上下2枚のパイ生地（ダブルクラスト）で包んで焼いた、一人分の大きさのパイ。ケチャップをかけて食べることが多い。

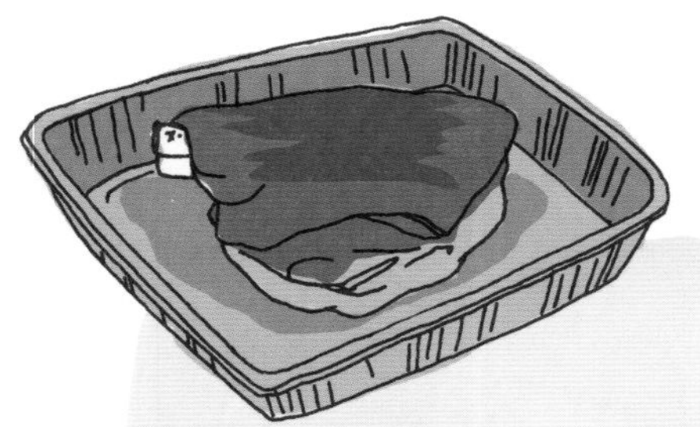

LECHÓN ASADO, Cuba

レチョン・アサード（キューバ）

乳のみ仔豚を丸ごと、あるいはモモ肉を丸ごと、酸味のあるオレンジジュース、ニンニク、オレガノでマリネして焼いた料理［イラストはモモ焼き］。

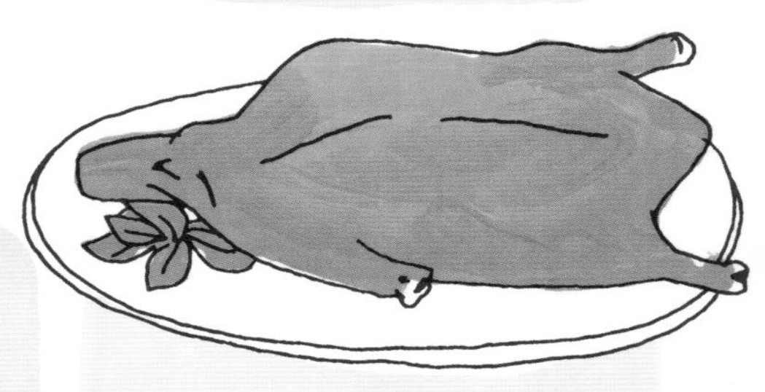

PEKING DUCK, China

北京ダック（中国）

合鴨［アヒルとカモをかけあわせたもの］を下処理して調味し、ゆでてから乾燥させたものを、炉窯で皮がパリパリになるようにこんがりと焼く。

HÁKARL, Iceland

ハカール（アイスランド）

強烈な刺激臭をもつアイスランド古来の伝統食品。サメ肉を袋に入れ土に埋めて発酵させたあと、数か月間吊るして乾燥させる。

GOULASH, Hungary

グヤーシュ（ハンガリー）

牛肉とニンジン、トマト、ジャガイモなどで作る、ハンガリーの赤レンガ色のシチュー。これを作るには、香辛料のパプリカパウダーが欠かせない。

BIGOS, Poland

ビゴス（ポーランドなど）

ザワークラウトと豚肉やソーセージなどの肉類、玉ねぎ、キノコなどを煮込んだシチュー。中身をくり抜いたパンに入れて供される場合もある。

DÖNER KEBAB, Turkey

ドネルケバブ（トルコ）

下味を付けた肉を専用の垂直の串に刺して積み重ね、あぶり焼きにする。焼き上がった表面を薄くそぎ落とし、ライスを添えるか、サンドウィッチにして食べる。

KIBBEH, Middle East/North Africa

クッバ（別名：キッベ）（中東、北アフリカ）

細かく挽いたひき肉、スパイス、玉ねぎを混ぜて練ったものを、ブルグル（挽き割り小麦）で作った皮に詰め、揚げたり焼いたりして食べる。ラグビーボール型の揚げ物が代表的だが、生のままで食べる地域もある。

FIVE FABULOUS FOOD FISH
5種の驚くべき食用魚たち

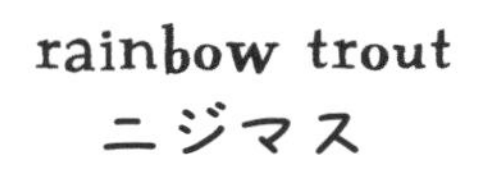

rainbow trout
ニジマス

マスと呼ばれる多くの魚種は川や湖などの淡水に生息しているが、太平洋岸北西部で見られるサケ科の大型のニジマスは、川から太平洋に下り、産卵のために川に戻ってくる。

丸ごと調理することが多く、少量の油で揚げたり詰め物をして焼いたり、グリルで焼いたりする。

メキシコの太平洋岸では、脂肪分の多いクロカジキの肉は燻製にして、タコスやトスターダス［トウモロコシの生地を焼いたトルティーヤを揚げたもの］のトッピングとして食べることが多い。

blue marlin
ブルーマーリン

和名：クロカジキ［死ぬ直前に体の色が鮮やかなブルーになるが、死後は黒くなる］

長く尖った吻（ふん）［くちさき］が特徴のクロカジキは、メスのほうが大きく4メートルを超える場合もあり、スポーツフィッシングの対象魚としても人気が高い。ただし、漁獲量が激減しており、絶滅危惧種となっている。

ヒラメは成長するにしたがって、
右側の眼の位置がだんだんずれていき、
両方の眼が体の左側に並ぶ。
［これとは逆に、カレイは左側の眼がずれていき、
体の右側に両方の眼が並ぶ］

winter flounder
ヒラメ

よく似たカレイ（ナツヒラメ）と混同しやすい。大西洋に生息するこの底生魚は、白身のおいしさで知られている。

channel catfish
チャネルキャットフィッシュ（アメリカナマズ）

アメリカでもっとも一般的なこのナマズのほかに、世界には何百種類ものさまざまなナマズが存在する。このナマズと同じく、ほとんどは淡水に棲む底生魚で、ひげのような「触鬚（しょくしゅ）」と呼ばれる器官をもち、うろこがなく、体の表面は粘液で覆われている。

Atlantic cod
タイセイヨウダラ

深海の冷水魚で、白身がやわらかくほぐれやすい。大昔から塩漬けや干物に加工され、船で世界中に運ばれてきた。乱獲によって激減し、絶滅の危険性が高いと考えられている。

How to Fillet a Fish

大きな魚のおろし方

頭のすぐ後ろの部分に
包丁の刃を当て、背骨に
当たるまで深く切り込む。

頭から尾の方向へ、
背骨に沿って包丁を動かし、
半身を切り離す。

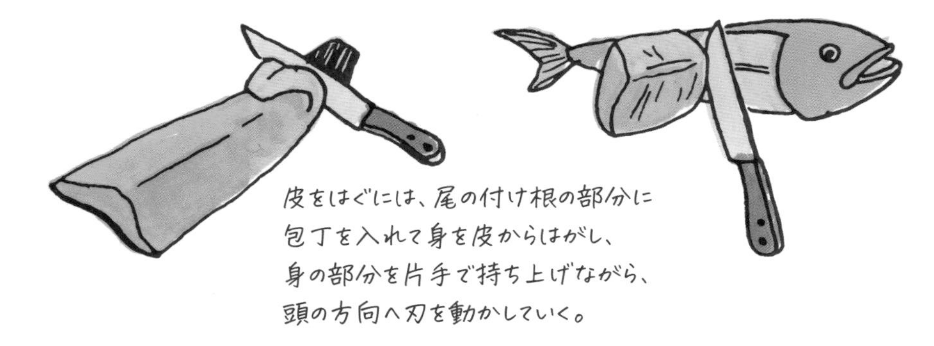

皮をはぐには、尾の付け根の部分に
包丁を入れて身を皮からはがし、
身の部分を片手で持ち上げながら、
頭の方向へ刃を動かしていく。

反対側も同じように処理し、
もう片方の半身を切り離す。
小骨があれば取り除く。

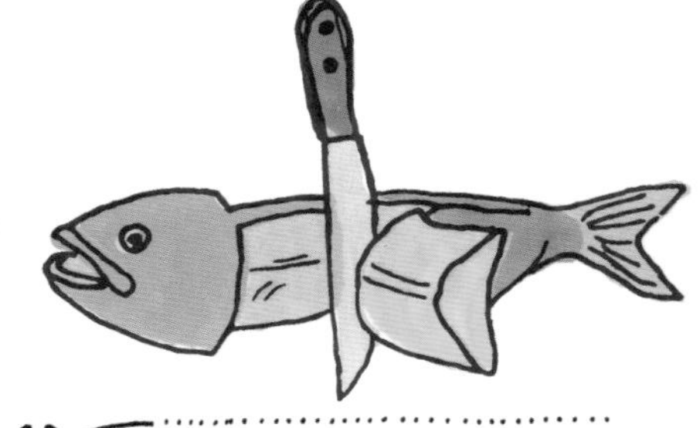

REGAL ROE
贅沢な魚卵

世界ではさまざまな種類の魚卵や甲殻類卵が、栄養豊富な珍味として食されている。

魚卵という言葉は、一つひとつの卵ではなく、卵のたくさん入った卵巣を指している。丸ごとソテーすることもある。

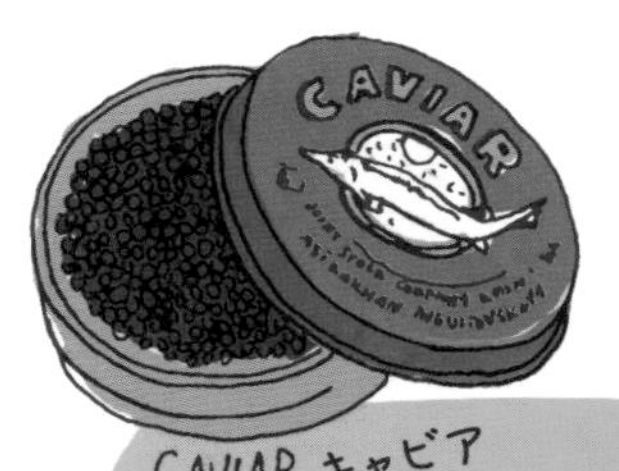

キャビアは本来、カスピ海や黒海のチョウザメの卵のみを指す。オオチョウザメから採れる「ベルーガ」、カワリチョウザメの卵「スターレット」、ロシアチョウザメ、シップチョウザメの卵「オシェトラ」、ホシチョウザメの卵の「セヴルーガ」の順に希少価値が高い。

オオチョウザメの寿命は100年を超える場合もあり、産卵を始めるまでに20年近くかかる。

OTHER EDIBLE SEA CREATURES
その他の食用海洋生物

Cephalopods 頭足類（とうそくるい）

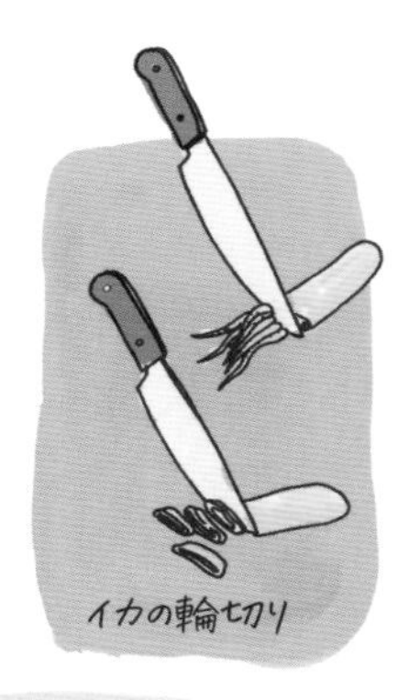
イカの輪切り

コウイカ、マイカ、タコなどは左右対称の体をもつ軟体動物で、頭部が大きく、触手の部分もおいしい[イカは甲があるイカ（cuttlefish）か、甲がないイカ（squid）に分けられる。コウイカの丸みのある胴体には「甲」（烏賊骨）と呼ばれる平べったい板のような骨が入っている。マイカの胴体は細長く、先端の左右に三角形のエンペラがついている]。

セピア・ア・ラ・プランチャ
（スペイン）
コウイカの鉄板焼き

カラマリのソテー
（イタリア）
イカの炒め物

オクタポディ・クラサート
（ギリシャ）
タコの赤ワイン煮

Bivalves 二枚貝

ハマグリ、カキ、ホタテ貝、ザル貝、ムール貝などは蝶番（ちょうつがい）でつながったような二枚貝の軟体動物。多くの二枚貝は「オン・ザ・ハーフ・シェル」というスタイルで、片方の貝殻に身をのせて供される。

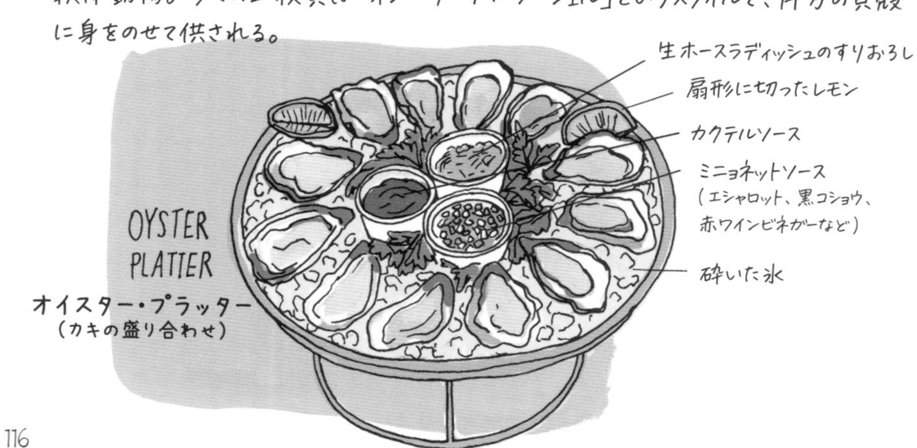

OYSTER PLATTER
オイスター・プラッター
（カキの盛り合わせ）

Crustaceans
甲殻類

カニ、ロブスター、小エビ、オキアミ、ザリガニなどは外骨格をもっている。体の外側に骨があるようなもので、体を覆って保護する役目も兼ねている。

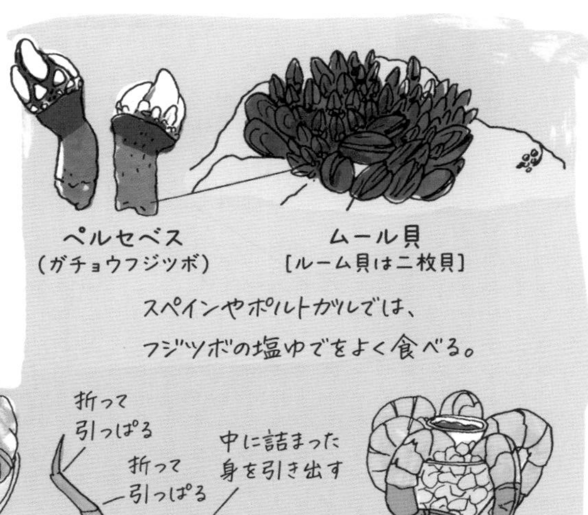

スペインやポルトガルでは、フジツボの塩ゆでをよく食べる。

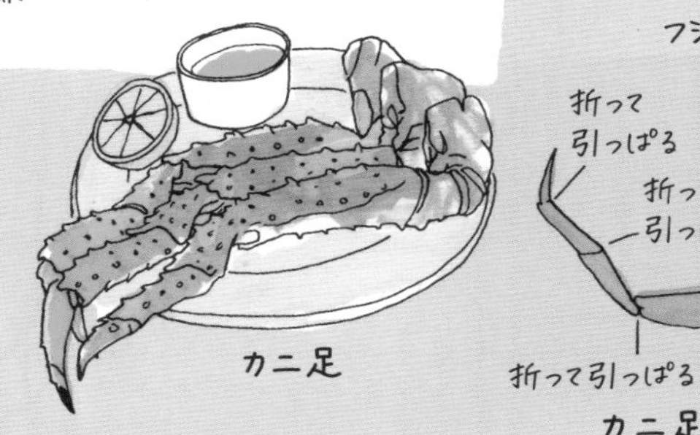

折って引っぱる
折って引っぱる
中に詰まった身を引き出す
折って引っぱる
ここを切る

カニ足の食べ方

シュリンプ・カクテル

Echinoderms
棘皮動物

棘皮動物のなかでいちばんわかりやすいのはヒトデで、成体になると、体の中心から放射状に5つの同じ構造が伸びる、五放射相称になる。棘皮動物のなかでもっともよく食べられているのは、ウニやナマコ。

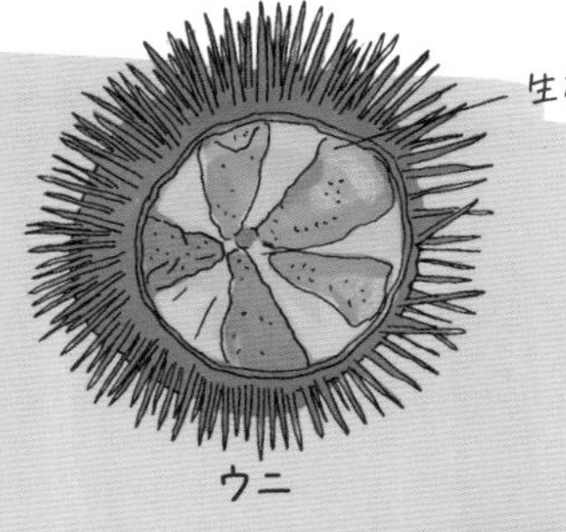

日本ではウニと呼ばれるsea urchinのオレンジ色のやわらかい可食部分は、じつは生殖巣［精巣と卵巣］。

酢漬けにしたマナマコは、中国ではお祝いの料理として出される。

ウニイクラ丼は、ご飯にウニとイクラをのせた料理。

THE FISHMONGER'S LEXICON
鮮魚店の用語

WHOLE
ホール
内臓も含めた
丸ごとの状態

DRAWN
下処理
内臓やうろこなどを
取り除く

DRESSED
下ごしらえ
頭、エラなどを
取り除く

STEAKS
ステーキ
魚一尾をステーキ用に
輪切りにしたもの

FILLET
フィレ
魚の半身を
切り取ったもの

STICKS
切り身
フィレ（半身）を
カットしたもの

BUTTERFLY FILLET
バタフライフィレ
魚の頭を落とし、縦に包丁を入れて
開き、背骨や内臓などを取り除く。
詰め物をして焼く場合や、
手早く調理したい場合に向いている。

SEAFOOD COOKERY TOOLS
シーフード用調理器具

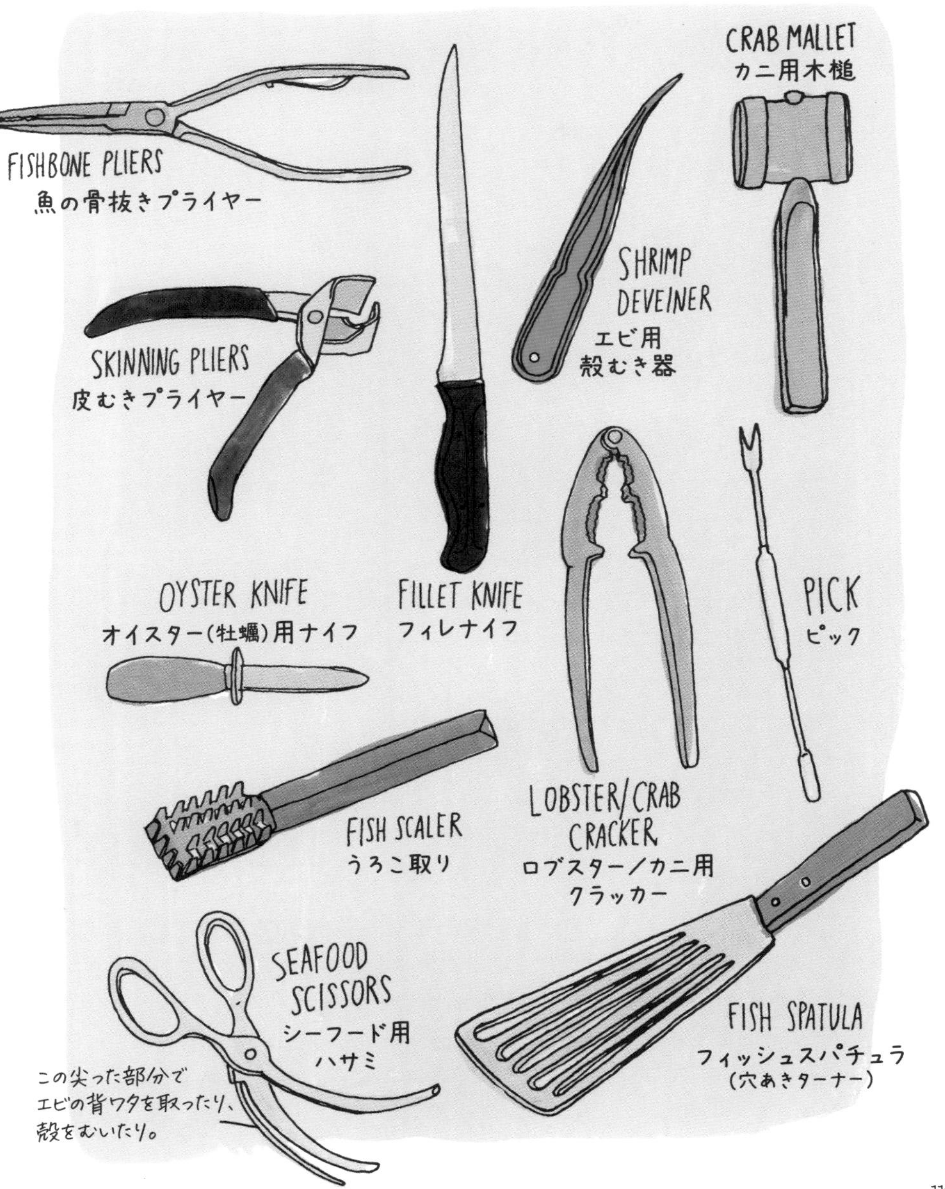

鮮度のよい魚は、眼が出っ張って透きとおっている。
エラはピンクがかった赤い色をしており、
皮は潤っていて輝きがある。
生臭くなくて、潮の香りがするものを！

潮干狩り用熊手
CLAM RAKE

COMMONLY EATEN CLAMS
よく食べられている貝類

LITTLENECK ホンビノスガイ

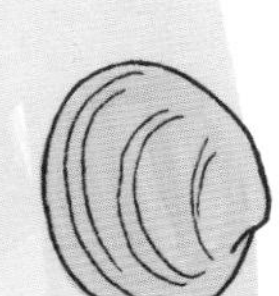

アメリカ北東部では「コウハグ」とも呼ばれる。トップネックやチェリーストーン、チャウダー・クラムとも種類は同じで、サイズが小さいときに採れたものをホンビノスガイと呼ぶ。

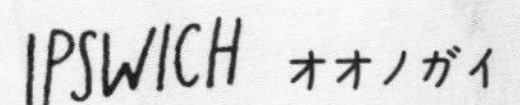

IPSWICH オオノガイ

大西洋岸で採れるこの貝は、マサチューセッツ州イプスウィッチにちなんで名付けられた。オオノガイ、スティーマーとも呼ばれる。貝殻は楕円形で、もろくて白っぽい色をしている。
中身をまるごとフライにしたものが、スナックとして売られている。

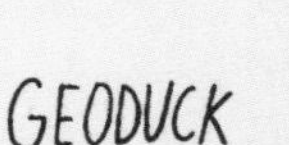

GEODUCK
アメリカナミガイ、ミルガイ

20センチほどの大型の二枚貝で、太くて長い首[水管]からときおり水を吐き出す。スライスして、生あるいは加熱調理して食べる。

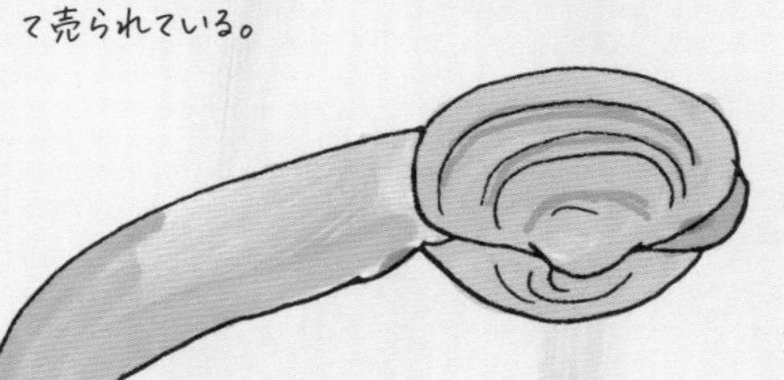

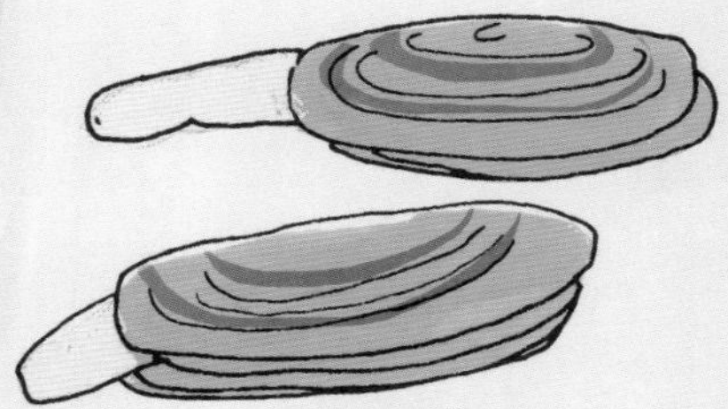

MANILA
アサリ

アジア原産の小さな二枚貝。
縞模様の硬い貝殻が特徴。

RAZOR マテガイ

細長い貝殻が、鞘(さや)に収めた馬手差(めてざし)(刺刀)に似ていることから名づけられた。

KINDS OF SUSHI
いろいろなお寿司

MAKIZUSHI
巻き寿司
海苔で巻いた
お寿司。

FUTOMAKI
太巻き
数種類の具材を
巻いた太い巻きずし。

HOSOMAKI
細巻き
1～2種類の具材を
巻いたお寿司。

TEMAKI
手巻き
手でコーン型に
巻いたお寿司。

NIGIRIZUSHI
握り寿司
酢飯の上に
魚の切り身をのせて
握ったもの。

GUNKANMAKI
軍艦巻き
酢飯を海苔で巻いた
ものを軍艦に見立て、
やわらかい具材をのせる。

URAMAKI
裏巻き
海苔を外側ではなく
酢飯の内側に巻いたもの。

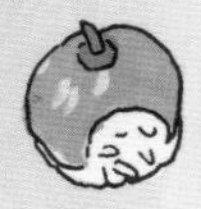

TEMARIZUSHI
手まり寿司
丸く握った小さなお寿司。
ラップを使って作る。

OSHIBAKO
押し寿司
木型で押し固めた
お寿司。

CHIRASHI
ちらし寿司
酢飯の上に魚介類や卵焼き、
味をつけた野菜などの具を
「ちらす」ようにのせたもの。

巻くのはわりと簡単な作業。
それよりも、酢飯をきちんと作れるのが
優れた寿司職人の証とされている。
海苔
巻き簾
（竹製のマット）
MAKING
MAKIZUSHI
巻き寿司作り

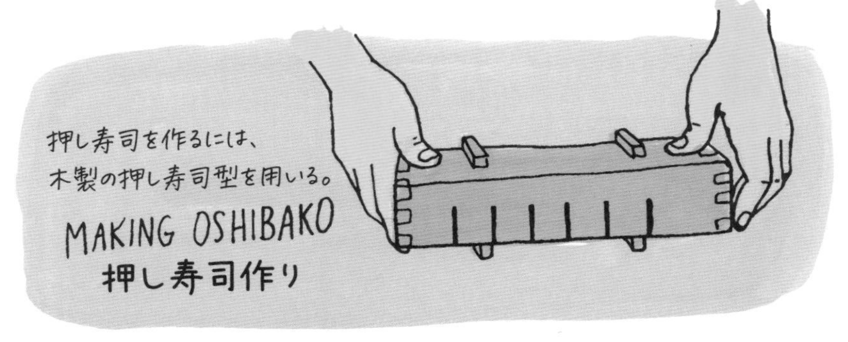
押し寿司を作るには、
木製の押し寿司型を用いる。
MAKING OSHIBAKO
押し寿司作り

日本ではフグを調理するには、
フグ調理師の免許が必要。
きちんと処理されていないものを
食べた場合は、内臓などに
含まれる猛毒によって
麻痺などの症状が表れ、
死に至る場合もある。
Fugu sashi - puffer fish sashimi
フグ刺し　フグのお刺身

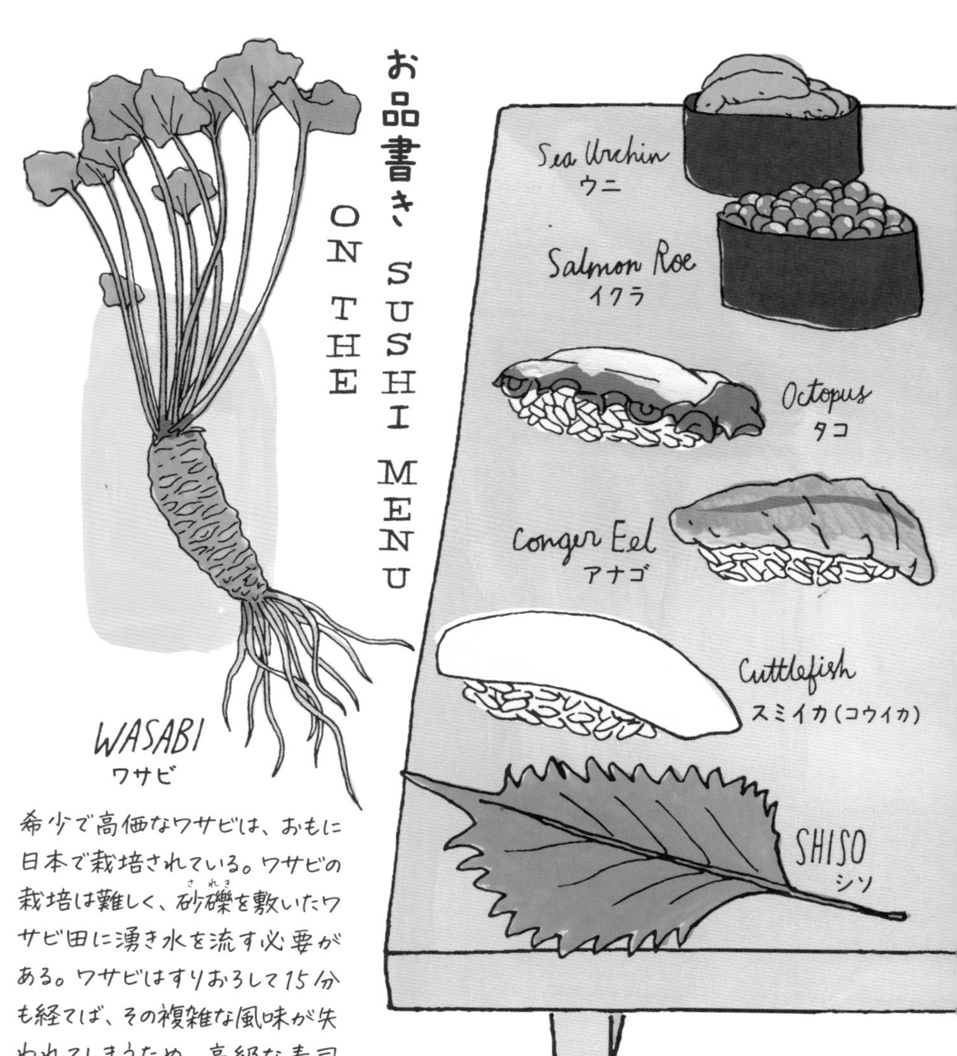

希少で高価なワサビは、おもに日本で栽培されている。ワサビの栽培は難しく、砂礫（されき）を敷いたワサビ田に湧き水を流す必要がある。ワサビはすりおろして15分も経てば、その複雑な風味が失われてしまうため、高級な寿司店ではおろしたてのワサビが出される。代用品として、風味付けされた粉末を調合した練りワサビや、ワサビとよく似たホースラディッシュの粉末に色付けをした粉ワサビがよく使われている。

SHISO シソ

バジルに似たシソ科のハーブで、かすかに柑橘類やアニスのような香りがする。ツマとして使ったり、ご飯に混ぜたり、汁物に加えたり。お寿司の具材として使うこともある。

GARI

新ショウガの甘酢漬け(ガリ)

新ショウガの薄切りを甘酢に漬けたもので、お口直しに食べる。自然な薄いピンク色をしている。色の濃いものは着色したもの。

EATING THE WHOLE CHICKEN
鶏をまるごと食べる

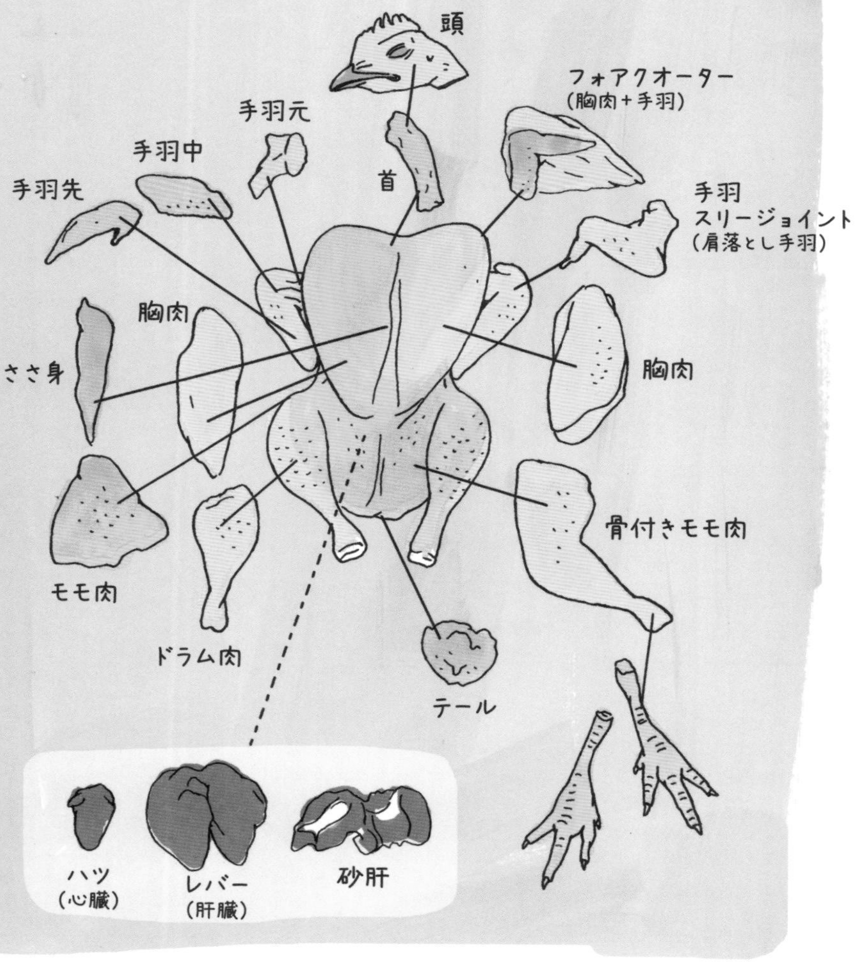

頭

フォアクオーター
（胸肉＋手羽）

手羽元

手羽中

首

手羽先

手羽
スリージョイント
（肩落とし手羽）

胸肉

ささ身

胸肉

骨付きモモ肉

モモ肉

ドラム肉

テール

ハツ
（心臓）

レバー
（肝臓）

砂肝

POULTRY TERMS
家禽類の名称

broiler 家畜化された、食肉専用の雑種鶏の総称。
ブロイラー

capon 去勢された雄鶏。
肥育鶏

cornish コーニッシュ・ゲーム・ヘン［地鶏の一種］とプリマスロックあるいはホワイトロックの交配種。
コーニッシュ

poussin イギリスでは生後1か月程度の雌の雛鶏、アメリカではコーニッシュヘンを指す。
プーサン

pullet 生後8～16週間程度の雌の若鶏で、ヒヨコと雌鶏のあいだの段階（採卵が始まる前）。
プーレ

squab 食用の雛鳩。
スクワブ

THE INCREDIBLE EGG
卵ってすばらしい

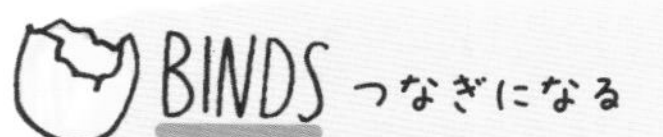

BINDS つなぎになる

ミートボールやクラブケーキ［カニ肉に玉ねぎやパン粉などを混ぜて、円形にまとめて焼いたもの］を作るとき、材料をつなぎ合わせる。

LEAVENS ふくらませる

スフレやケーキをふくらませる。

THICKENS

とろみをつける

カスタード、プリン、ソースにとろみをつける。

EMULSIFIES 乳化させる

マヨネーズ、ドレッシング、ソースを乳化させる。

GLAZES

艶を出す

お菓子の表面に塗って、艶を出す。

CLARIFIES 澄ます

卵白を使って［凝固作用でアクを固める］、ブイヨンを澄ます。

PREVENTS

防ぐ

煮溶かした氷砂糖と糖衣が再結晶化するのを防ぐ。

砂糖を煮溶かす

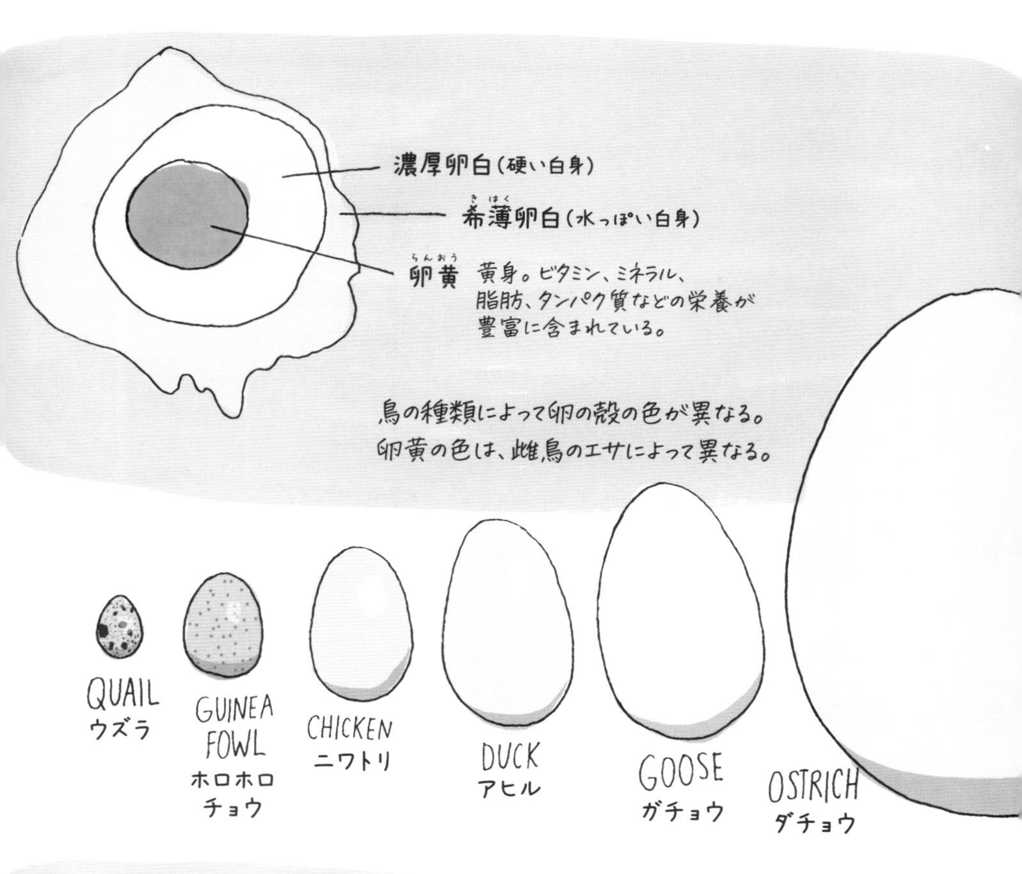

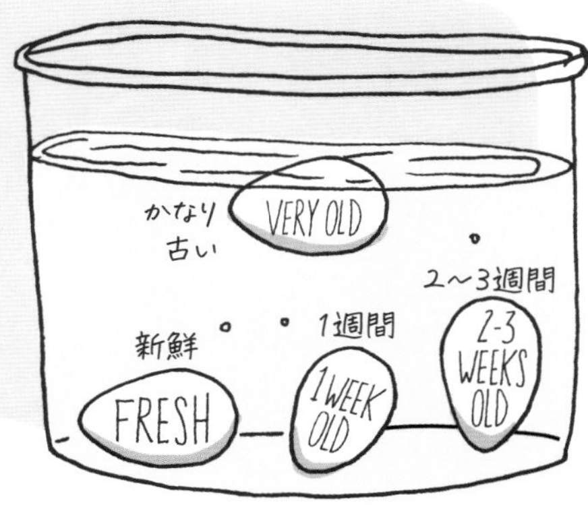

卵を水のなかに入れると、
採卵してからどの程度の日数が
経っているかがわかる。
卵が古くなるほど内部の空気が
増えるため、水に浮いてしまう。

食堂（ダイナー）の卵料理の用語集
SHORT ORDER EGG LINGO

＊1920〜1970年代に流行った表現

ADAM + EVE ON A LOG
丸太に乗ったアダムとイブ
ポーチドエッグ二つとソーセージ

ADAM+EVE ON A RAFT
いかだに乗ったアダムとイブ
ポーチドエッグを二つのせたトースト

ADAM+EVE ON A RAFT AND WRECK 'EM
アダムとイブのいかだが難破
卵2個で作ったスクランブルエッグをのせたトースト

CLUCK + GRUNT
クラック＆グラント
（雌鶏と豚の鳴き声）
ベーコンエッグ

COWBOY WESTERN
カウボーイ・ウェスタン
具だくさんのオムレツ

DROWN THE KIDS
ドラウン・ザ・キッズ
ゆで卵

ETERNAL TWINS
永遠の双子
ハムエッグ

FRY TWO LET THE SUN SHINE
二つの太陽を輝かせて
目玉焼き二つ、黄身をくずさずに。

FAMILY REUNION
家族の集い
チキンとスクランブルエッグのサンドウィッチ

KISS THE PAN

キス・ザ・パン

卵2個の目玉焼き、
両面半熟焼き。

MAKE IT CRACKLE

メイク・イット・クラックル

ミルクシェイクなどの飲み物に
卵を1個、割り入れて加える。

SCRAPE TWO

スクレイプ・ツー

卵2個の
スクランブルエッグ

TWO DOTS + A DASH

ツー・ドッツ＆ア・ダッシュ

目玉焼き二つとベーコン1枚

WRECKED + CRYING

レックト＆クライング

玉ねぎ入りのスクランブルエッグ

WRECKED HEN WITH FRUIT

レックト・ヘン・ウィズ・フルーツ

スクランブルエッグとフルーツジュース

DOUGH WELL DONE
WITH COW TO COVER

**こんがりトースト
たっぷりバター**

バターを塗ったトースト

SHINGLE WITH A SHIMMY
+ A SHAKE

ジャムトースト＆バター

バターとジャムを塗ったトースト

BURN THE
BRITISH

バーン・ザ・ブリティッシュ

トーストしたイングリッシュマフィン

CHAPTER 5
Dairy Queens
魅力的な乳製品

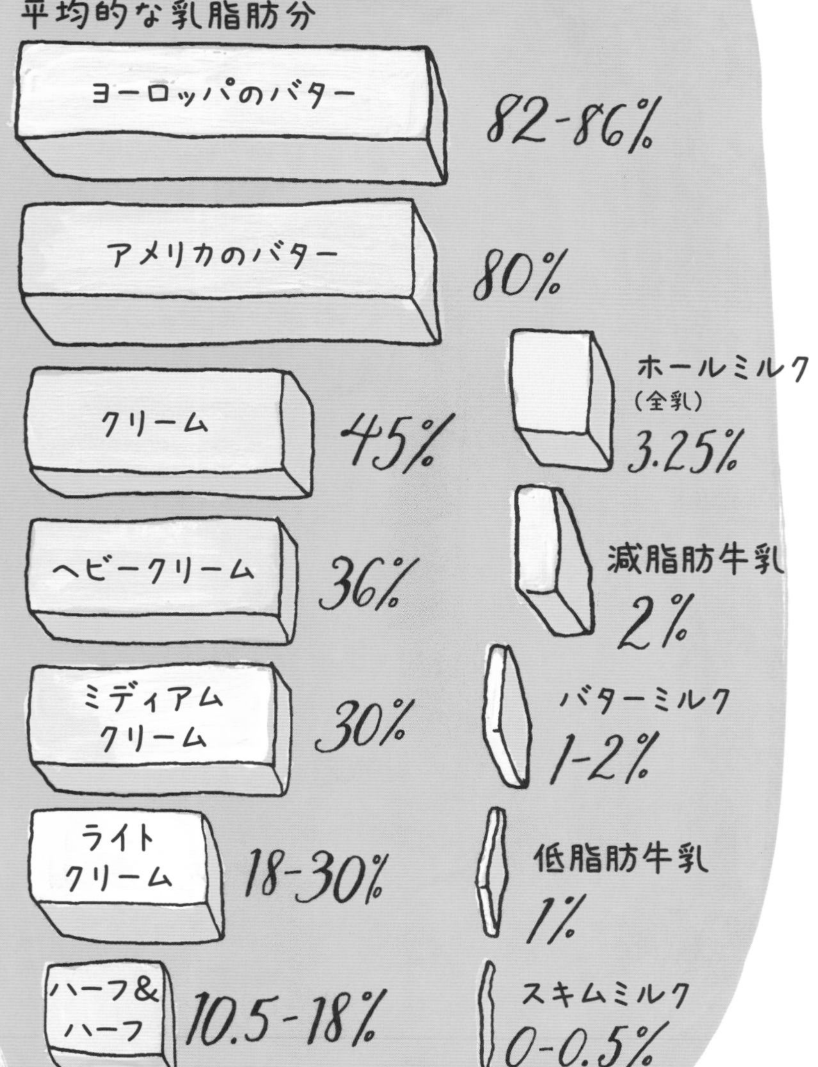
MILK MAID MATH
数字で見る乳製品
平均的な乳脂肪分
ヨーロッパのバター
82-86%
アメリカのバター
80%
クリーム
45%
ヘビークリーム
36%
ミディアム
クリーム
30%
ライト
クリーム
18-30%
ハーフ&
ハーフ
10.5-18%
ホールミルク
(全乳)
3.25%
減脂肪牛乳
2%
バターミルク
1-2%
低脂肪牛乳
1%
スキムミルク
0-0.5%

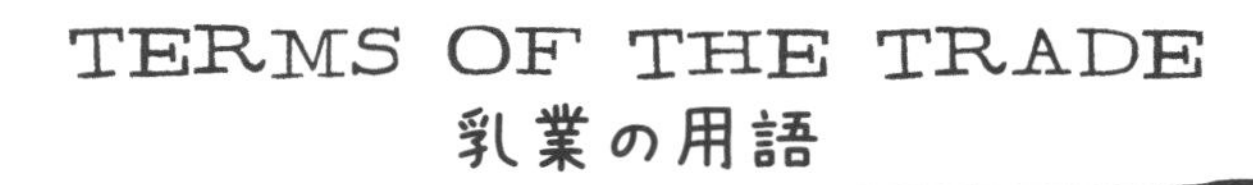

TERMS OF THE TRADE
乳業の用語

cream
クリーム
ミルクを静置しておくと表面に浮かび上がってくる脂肪の層。

buttermilk
バターミルク
クリームからバターを作ったあとに残った液体。

cultures
乳酸菌
乳糖(ラクトース)を乳酸に変化させる細菌類。ヨーグルトやバターミルク、多くのチーズを作るのに使われる。

homogenization
均質化(ホモジナイズ)
牛乳の乳脂肪中の脂肪球を細かくくだき、乳脂肪分の浮上を防いで、安定した状態にすること。

pasteurization
低温殺菌
生乳を63℃以上で30分加熱して殺菌することにより、賞味期限を延ばす。

raw milk
生乳
牛、山羊、羊などのミルクを搾ったまま、低温殺菌などの処理をしていないもの。

rennet
レンネット
ミルクを凝固させてチーズを作るための酵素剤。凝乳酵素レンニンを主成分とする。

curds
カード(凝乳(ぎょうにゅう))
ミルクにレンネットを加えたあとにできる、やわらかい凝固物。

whey
ホエー(乳清)
チーズやヨーグルトを作る際にできる副産物で、ミルクから乳脂肪分やカゼインなどを除いた水溶液[良質なタンパク質やビタミン、ミネラルを豊富に含む]。リコッタチーズなどのチーズ作りにも使われる。

簡単カッテージチーズ作り

牛乳1カップを鍋で60℃くらいに温め、鍋を火からおろしてビネガー大さじ1を加え、しばらく置いておく。
水分(ホエー)と凝固物に分離するので、ペーパータオルで凝固物をやさしく絞る。ホエーとカッテージチーズのできあがり!

DELICIOUS DAIRY
おいしい乳製品

YOGURT
ヨーグルト

この培養製品は、牛乳にスターター（種菌）を加えることによってできる。できあがったヨーグルトには消化を助け、健康全般を促進するプロバイオティクス［体によい善玉菌の総称］が含まれている。

SOUR CREAM
サワークリーム

できたてで低温殺菌処理をしていないクリームを室温で置いておくと酸味が生まれる。これは自然発生した細菌によって濃厚な食感とピリッとした風味が生まれるため。市販品は細菌培養物を加えることによって製造されている。

CLOTTED CREAM
クロテッドクリーム

デヴォンシャークリームまたはコーニッシュクリームとも呼ばれる、イギリスの乳製品。乳脂肪分の高い牛乳を、蒸気や湯せんで加熱してからゆっくりと冷やすことで、脂肪分が浮きあがって「塊」（クロット）ができることから、クロテッドクリームと呼ばれる。

CREAM CHEESE
クリームチーズ

この脂肪分が高く（33%）、しっとりとしてやわらかい塗れるチーズは、フィラデルフィア［アメリカ東海岸の都市。同名のクリームチーズがある］ではなく、ニューヨーク州で発明された。

CRÈME FRAÎCHE
クレームフレーシュ

サワークリームの一種で、同じような製法で作られるが、サワークリームよりも酸味や粘度は低く、脂肪分は高い。

CLABBER
クラバー

サワーミルクの一種で、昔はパンの発酵に使われていた。低温殺菌処理をしていない牛乳を数日置いておくことで、牛乳が固まってきて強い酸味が生まれる。ヨーグルトのように、そのまま食べても甘くして食べてもよい。

COTTAGE CHEESE
カッテージチーズ

レンネットとバターミルクを加えた牛乳を温めると、カード(凝固物)ができる。そこからホエーを搾っただけのシンプルなチーズ。

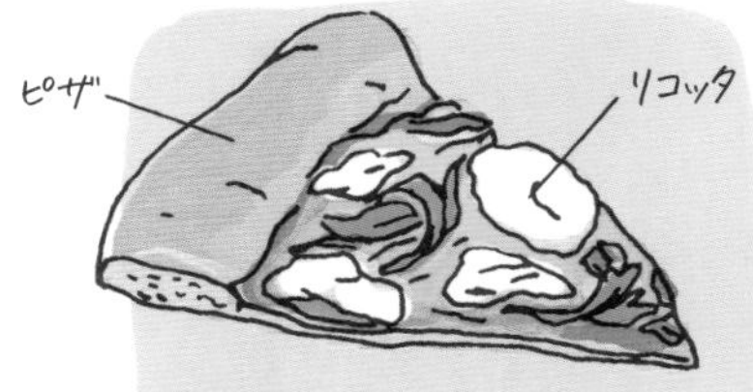

RICOTTA
リコッタチーズ

伝統的にはチーズ作りの過程で生じたホエーを使って作る。ホエーを加熱すると、溶けていたタンパク質が凝固して、ふわふわのやわらかいカードができる。[もともとは羊乳で作られていたが]いまでは牛乳に酸味料を加えて温めることで、カードとホエーに分離させる。

FARMER'S CHEESE
ファーマーズチーズ

カッテージチーズを押し固めたものが、ファーマーズチーズ。アメリカでは牛、羊、山羊のミルクから作られる。

HOW TO MAKE BUTTER IN THREE EASY STEPS
簡単3ステップのバター作り

STEP 1

良質のヘビークリームをミキサーかフードプロセッサーにかけ、黄色っぽいカードとバターミルクが分離するまで、よく混ぜる（バターミルクを1カップ分作るには、少なくとも2カップのヘビークリームが必要）。

STEP 2

ざるで濾し、カードとバターミルクを分ける（バターミルクは取っておき、パンケーキ作りに使う）。

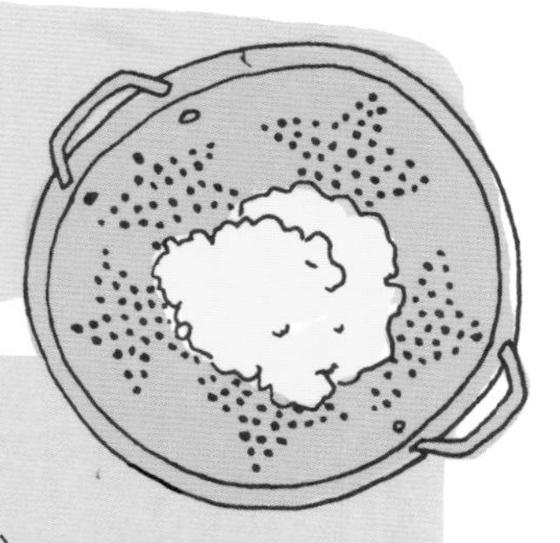

STEP 3

カードをボウルに移して丸い形にまとめたら、木製のスプーンで押し付け、できるかぎりバターミルクを取り除く。

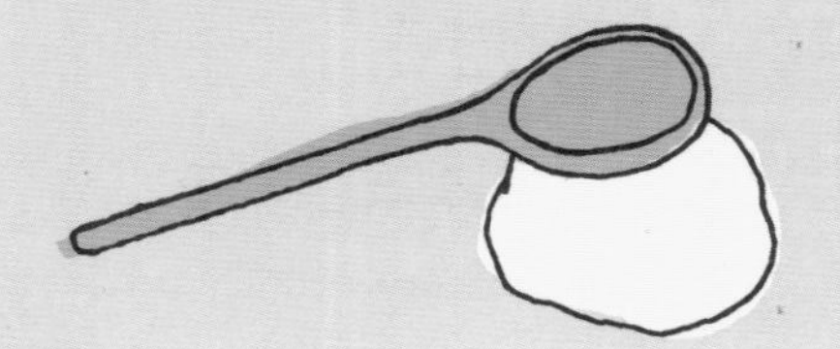

Real Deal Buttermilk Pancakes

本格バターミルク・パンケーキ

- 小麦粉 … 2カップ
- 砂糖 … 大さじ2
- ベーキングパウダー … 小さじ4
- ベーキングソーダ（重曹）… 小さじ1
- シーソルト（海塩・微粒）… 小さじ1
- 本物のバターミルク … 2カップ
- 溶かした無塩バター … 大さじ4
- 溶き卵 … Lサイズ2個
- 植物油（またはクッキングスプレーかバター）

1. ホットプレートかフライパンを中火で温める。
目安は、水滴を垂らすと表面で弾けるが、すぐには蒸発しない程度。

2. 大きなボウルに小麦粉、砂糖、ベーキングパウダー、ベーキングソーダ、シーソルトを加えて混ぜ合わせる。

3. 中くらいのボウルで、バターミルク、溶かしバター、溶き卵を混ぜ合わせる。

4. 3を2の大きなボウルに加え、だまが残らないように全体をよく混ぜる。

5. ホットプレートかフライパンの表面に植物油（またはクッキングスプレーかバター）を塗る。一度に2、3枚のパンケーキを焼く（必要に応じて植物油を足す）。
下の面がきつね色に焼け、上の面に気泡ができたら、ひっくり返して焼く。
シロップやジャムを添えて食べる。

Cut the Cheese
チーズの切り方

豪華なチーズ盛り合わせには、風味や食感、形、色もさまざまなものがずらり。ミルクの種類や熟成具合の異なるチーズを選び、それぞれにふさわしい切り方をしよう。付け合わせも重要で、甘いものを合わせることが多い。何種類かの上質なハチミツや、イチジクなどのジャム、ドライフルーツやナッツなどを揃えてみよう。

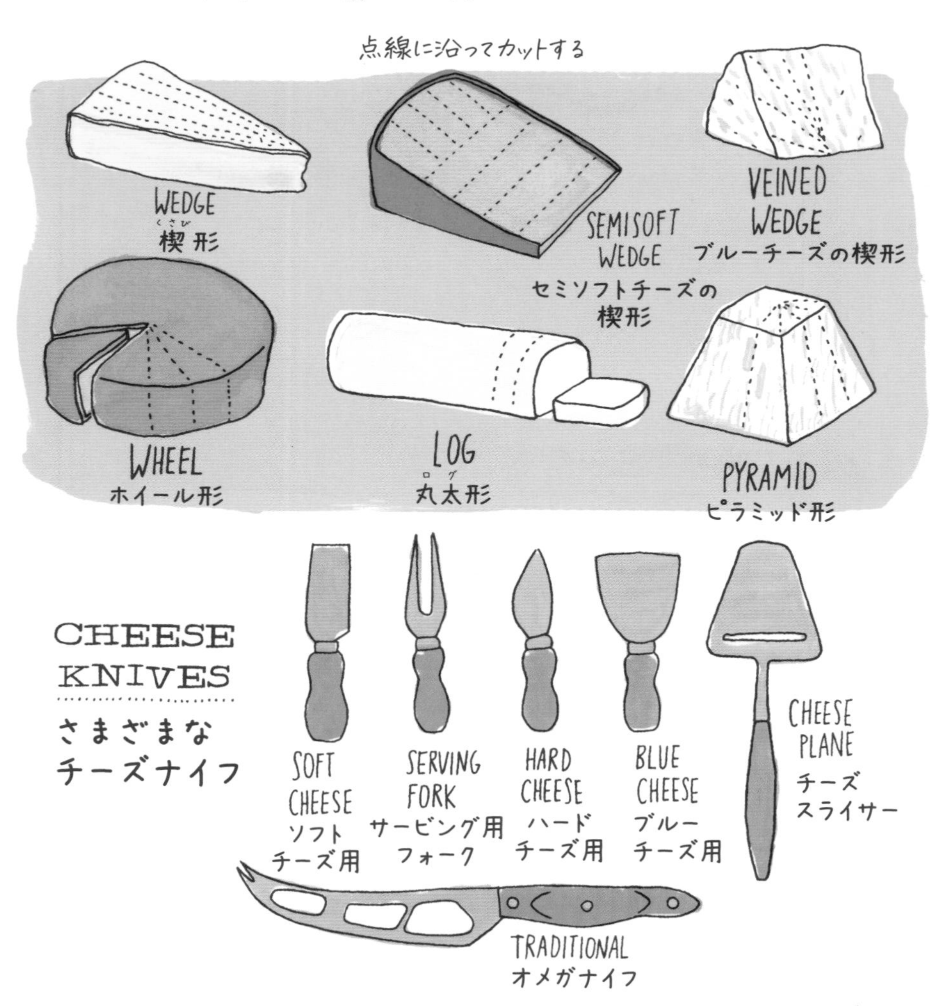

CHEESE ANATOMY
チーズの解剖図

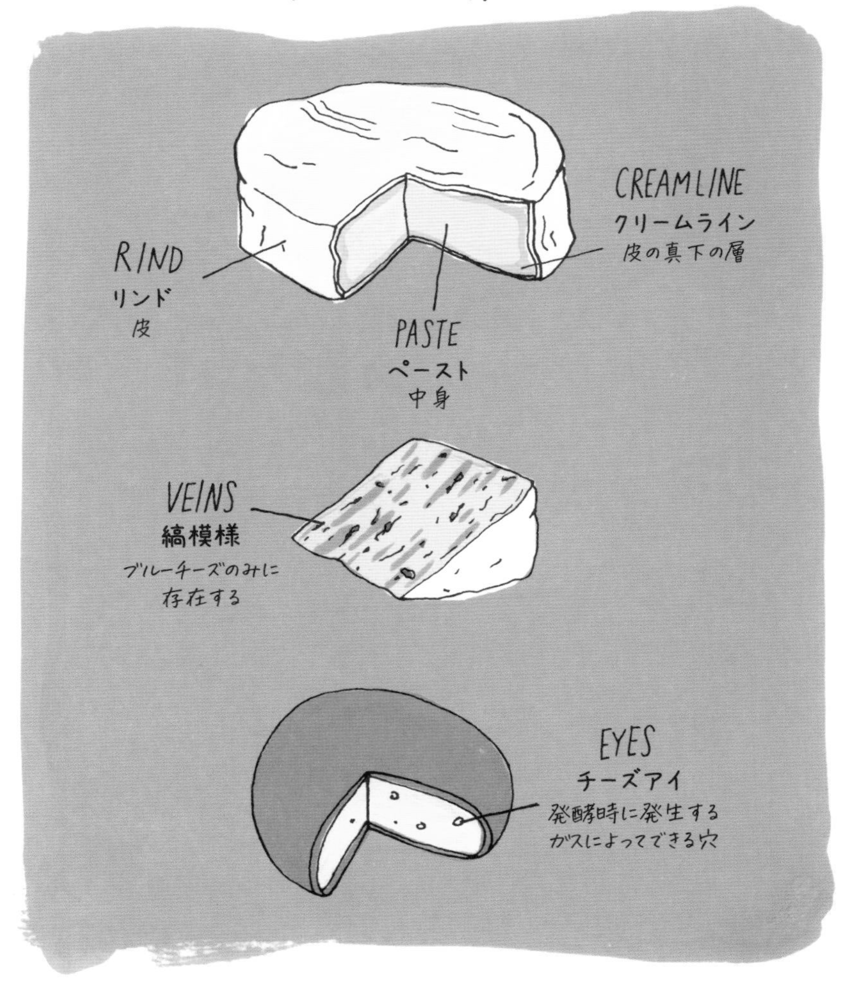

The Basic Steps in Making Cheese
チーズ作りの基本の手順

1. HEAT THE MILK
ミルクを加熱する

2. ADD STARTER
乳酸菌スターターを加える

活性細菌でできたスターターの
作用によって、乳糖（ラクトース）が
乳酸に変化する。
熟成の度合いを
コントロールするのにも
役立つ。

3. ADD RENNET
レンネット（酵素剤）を加える

凝乳酵素の働きによって
ミルクが凝固し、
カードができる。

4. CUT THE CURDS
カード（凝固物）を切る

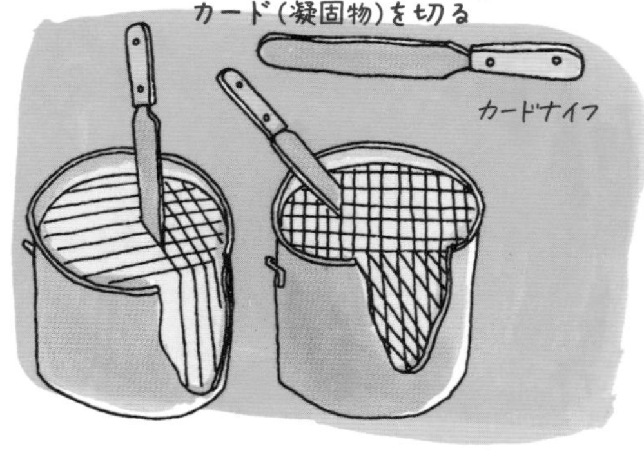

5. COOK THE CURDS
カードを
加熱する

6. DRAIN THE CURDS
カードを濾す

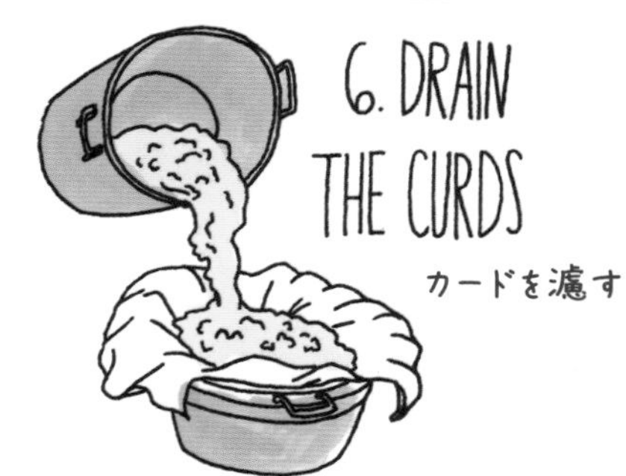

チーズの発祥については、[紀元前2000年ごろの民話に]こんな話がある。遊牧民が当時の水筒である羊の胃袋に羊乳を入れ、ラクダに乗って砂漠を渡っていった。やがて羊乳を飲もうとしたら、チーズができていた。

羊乳＋胃袋のなかの天然のレンネット＋暖かい気温＋振動＝チーズ

TYPES OF CHEESE
チーズの種類

チーズは、どんな動物のミルクでも作れる――たとえば水牛や馬、ヤク、ラクダなど。でも、もっとも一般的なのは牛、山羊、羊のミルクで作るチーズ。チーズ店の人なら心得ていることだが、チーズを分類する方法は、ミルクの種類以外にもいろいろある。

Fresh
フレッシュ

熟成させないチーズで、やわらかく、水分を多く含む。短期間、塩水につけるなどの加工を施すものもある。

モッツァレラ
（イタリア）

ゴート
＊本来は「シェーブル」と独立しているカテゴリ。ヤギの乳で作ったチー

Bloomy Rind
白カビ

やわらかい白い皮は、チーズの外側（表面）に白カビを繁殖させることによってできるもので、食べられる。外側から内側へ向かって熟成するタイプで、「やわらかく熟成させたチーズ」とも呼ばれる。熟成が進むと内側がとろとろになる。

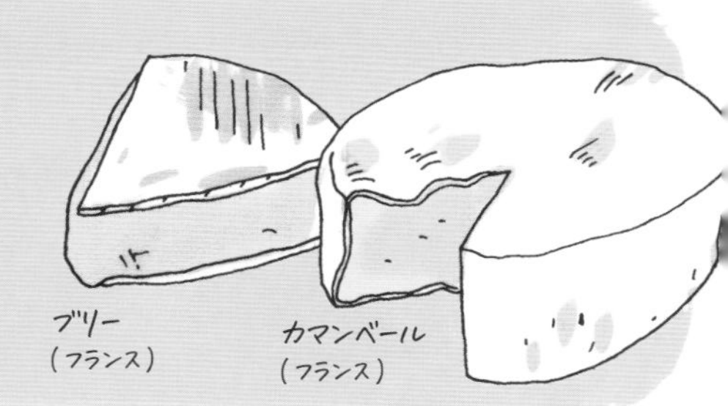

ヨーロッパでは伝統的にこのような非熟成（フレッシュ）チーズが生乳で作られているが、アメリカでは最短60日間の熟成を経ていない生乳チーズの販売は法律で禁止されている。

Washed Rind
ウォッシュ

チーズの外皮を塩水やその土地の酒（ビール、ウイスキーなど）で定期的に洗ったり、湿らせたりすることで風味が増し、微生物の作用によって強い匂いが生まれるため、「臭いチーズ」とも呼ばれる（皮は食べないほうがよいものもある）。

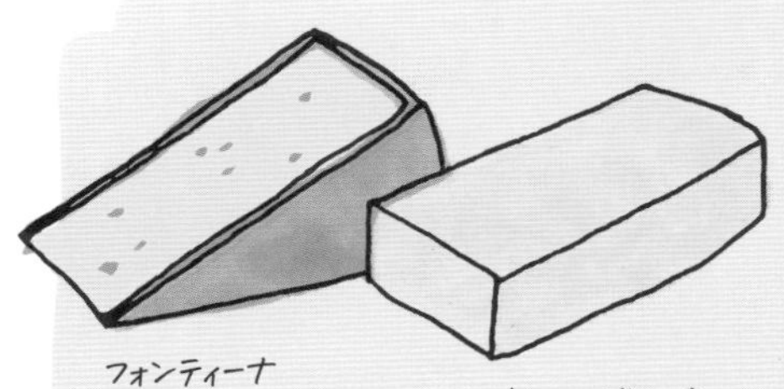

Semi Soft
セミソフト

*一般的な分類名は「セミハード」

さまざまな風味をもつ、なめらかでしっとりとしたクリーミーなチーズ。皮はほとんどなく、あってもごく薄い。

Firm / Hard
ハード

パルミジャーノ・レッジャーノ(イタリア)

チェダー(イギリス)

ゴーダ(オランダ)
*一般的には「セミハード」に分類される

長期間熟成させたチーズで、厚い皮の部分は食べない。濃厚な風味をもつ。チェダーやゴーダなどの固さは、熟成期間の長さによって変わってくる。

これらのチーズはすべて、ヨーロッパの原産地名称保護制度(英語ではP.D.O.)によって認証され、保護されている。認証を与えられた農産物に関しては、特定の原産地において一定の基準を満たして生産されたものしか、その名称を使ってはならない。

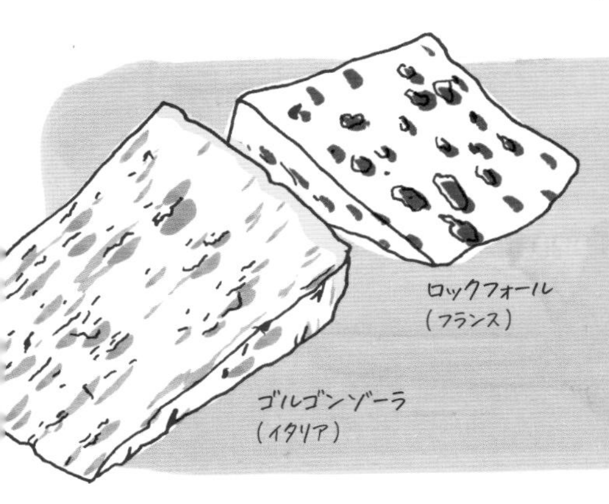

Blue
ブルー

縞模様や大理石のような模様は、チーズの内部に青カビを植えつけて熟成させることによってできる。強烈で複雑な風味で、塩味が強い。

AMERICAN CHEESE
アメリカンチーズ

アメリカンチーズは一般的に、異なる数種類のチーズを加熱・溶解し、混ぜ合わせて作る。本物のアメリカンチーズ——つまり「低温殺菌プロセスアメリカンチーズ」の製造には、何種類かのチーズのほかに、少量の酸（pHを低く保ち、細菌の繁殖を防ぐため）、クリームや乳脂肪、水、塩、着色料、香辛料などを用いる。チーズ以外の材料を一定量以上使用する場合や、乳化剤などの乳製品副産物や油を加える場合は、「プロセスチーズ食品」（例：VERVEETA ベルビータ）または「プロセスチーズ製品」（例：Cheez Whizチーズフィズ。スプレッドやソースとして売られている）などと表示しなければならない。

アメリカンチーズやその類似品は、水分含有量が多いこともあって溶けやすい。水分含有量が少ないほど、加熱しても溶けにくくなる。クリームや水、場合によっては油や乳化剤を加えることで、なめらかでムラのない製品に仕上がる。

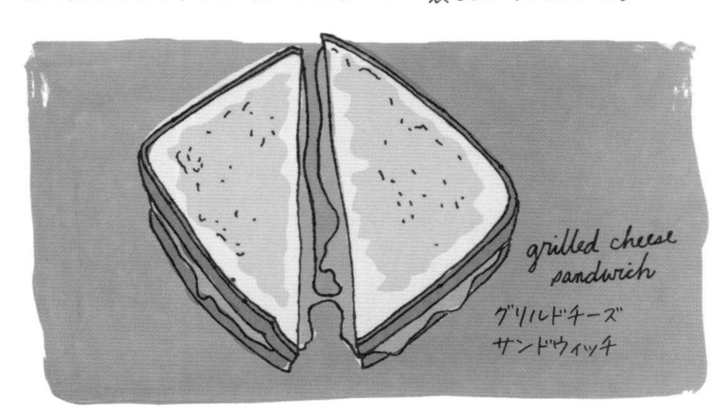

CURD NERDISMS

カードの豆知識

Affineur
アフィヌール、アフィヌース

フランス語で「チーズ熟成士」のこと（アフィヌールは男性形、アフィヌースは女性形）。それぞれのチーズに適した温度・湿度管理をし、外皮を洗うなどの手作業をおこなう。

Cheddar
チェダリング

チーズの製造過程において、ブロック状のカードを積み重ねたり、ひっくり返したりしてホエーを除去し、圧力が均一にかかるようにすることによって、引き締まったなめらかな食感を生み出す。

Transhumance
移牧

季節ごとに決まった牧草地へ家畜を移動させること。冬は低地へ、夏は高地へ移動させるのが一般的。世界でも最高品質のチーズが作られるアルプスでは、秋になると山の牧場から麓へ一斉に移動させるのに合わせて、壮観な秋祭りが開かれる。

Pasta Filata
パスタフィラータ

モッツァレラ、プロヴォローネ、カーチョカヴァッロなどのチーズの製造技術で、カードを伸ばしたり、引っぱったり、練ったりする。このようにして作ったチーズは、加熱するともちもちとした弾力が生まれ、引っぱると糸状に伸びる。

CHAPTER 6
Street Food
ストリート・フード

PLATE LUNCH
プレートランチ
（ハワイ）

白米、冷菜、温かいメインディッシュ。

BUNNY CHOW
バニーチャウ
（南アフリカ）

食パンの中身をくり抜いてカレーを詰めたもの。

STINKY TOFU
臭豆腐（しゅうどうふ）
（中国）

豆腐を発酵液に漬けたもの。

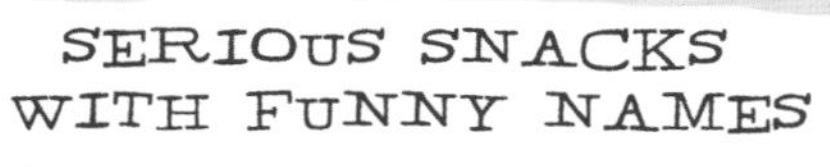

SERIOUS SNACKS WITH FUNNY NAMES
変わった名前のスナック

JERK
ジャーク
（ジャマイカ）

トウガラシ入りのスパイシーな香辛料で肉をマリネして焼く。

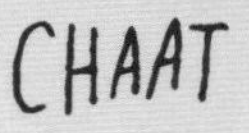

CHAAT
チャート（インド）

米のポン菓子、揚げ麺、スパイス、ソースなどさまざまな材料から作る屋台料理の盛り合わせ。

BELGIUM
ベルギー

PHILIPPINES
フィリピン
バナナソース

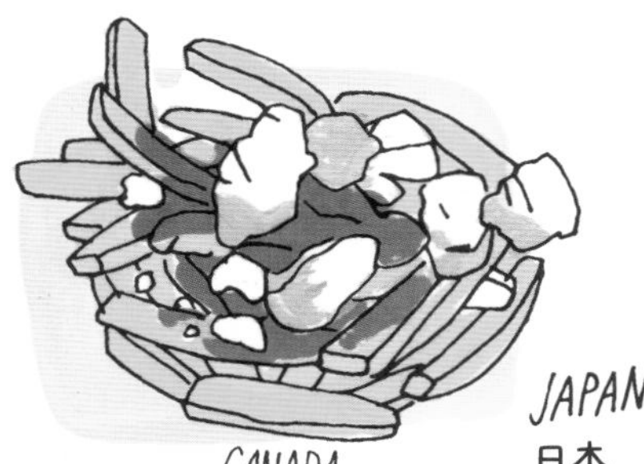

CANADA
カナダ
プーティン（グレービーソース）&
フレッシュチーズ（カッテージチーズなど）

JAPAN
日本
ふりかけ。ニンニク、魚のフレーク、青海苔、ゴマ、砂糖、塩、グルタミン酸ナトリウムなどでできた日本のシーズニングパウダー。

WITH YOUR FRIES
フライドポテトになにつける？

ヨッピーソース
（カレーと玉ねぎの風味のマヨネーズソース）
オランダ
NETHERLANDS

DENMARK AND FRANCE
デンマークおよびフランス
レムラードソース（マヨネーズにマスタード、ピクルス、ケイパー、ハーブなどを加えたもの）

BULGARIA
ブルガリア
シレネをくずしたもの。
シレネはブルガリアの酸味のある白チーズで、羊乳から作る。もろくてくだけやすい。

Kinds of Fries
いろいろなフライドポテト

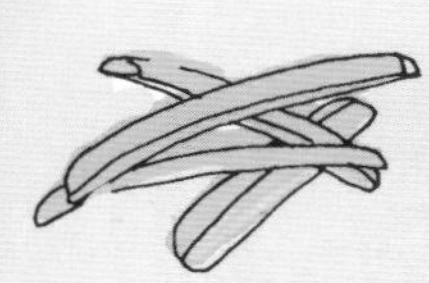

フレンチ

ブリティッシュ・チップス

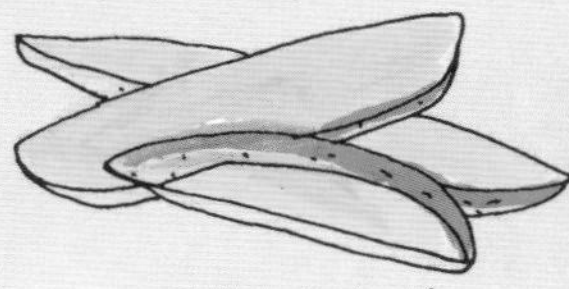

ステーキカット

カーリー

シューストリング
［靴ひもの意味］

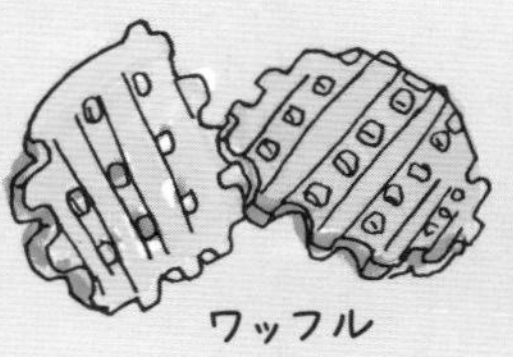

ワッフル

クリンクル
［波型］

ホームベース型

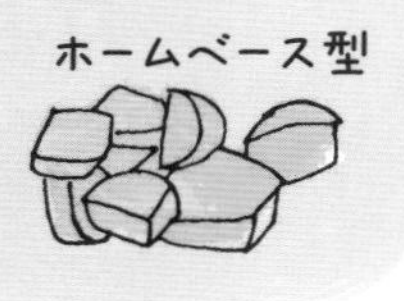

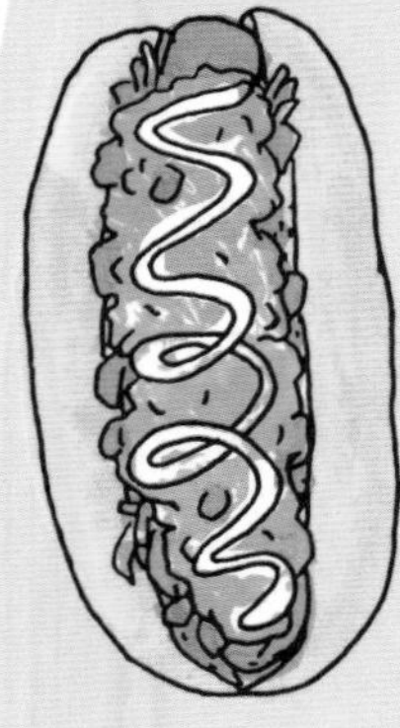

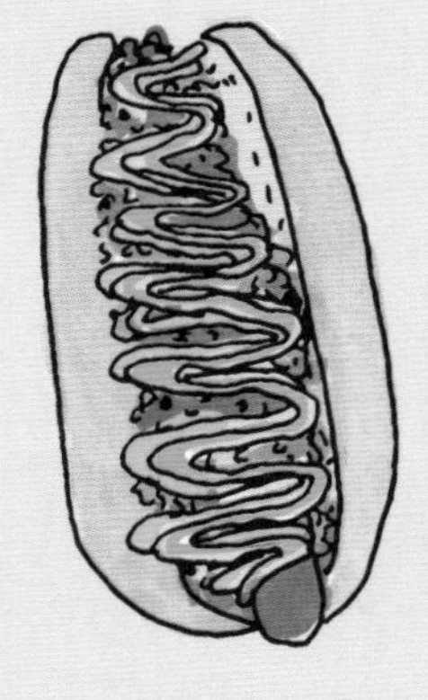

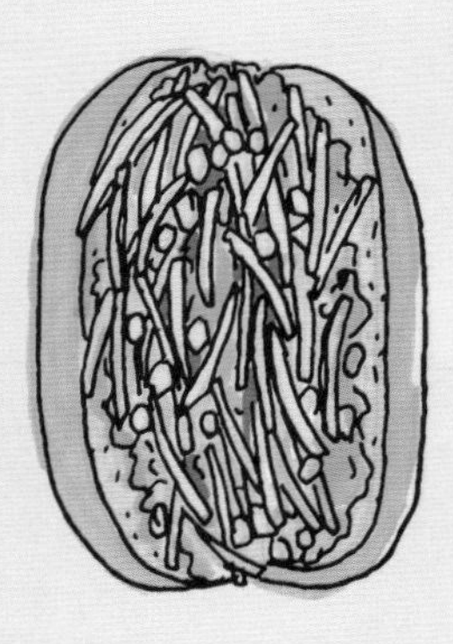

CHILEAN COMPLETO
コンプリート(チリ風)

マッシュしたアボカド、マヨネーズ、角切りトマト、ザワークラウト。ペブレと呼ばれるチリペッパーソース[コリアンダー、玉ねぎ、オリーブオイル、ニンニク、トウガラシ、刻んだトマト]を添える。

COLOMBIAN PERRO CALIENTE
ペロ・カリエンテ(コロンビア)

トッピングはおもにパイナップル、ピンクソース(ロシア風ソース)、ケチャップ、砕いたポテトチップス、チーズなどだが、ほかにもいろいろ。

BRAZILIAN COMPLETO
コンプリート(ブラジル風)

調味したひき肉、ニンジンやジャガイモの千切り、ハムの角切り、缶詰のコーン、固ゆで卵、コリアンダーなど。青トウガラシ(グリーンペッパー)、トマト、玉ねぎなどを刻んで混ぜたものを添える。

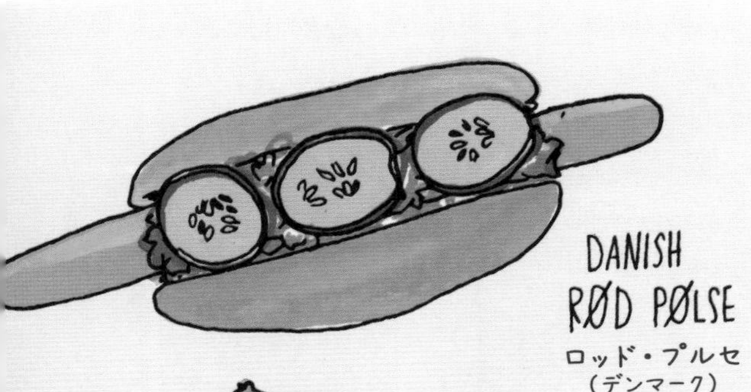

DANISH
RØD PØLSE

ロッド・プルセ
（デンマーク）

デンマーク語で「赤いソーセージ」という意味。真っ赤なソーセージに生のオニオンスライス、レムラードソース、キュウリのスライスなどを合わせる。

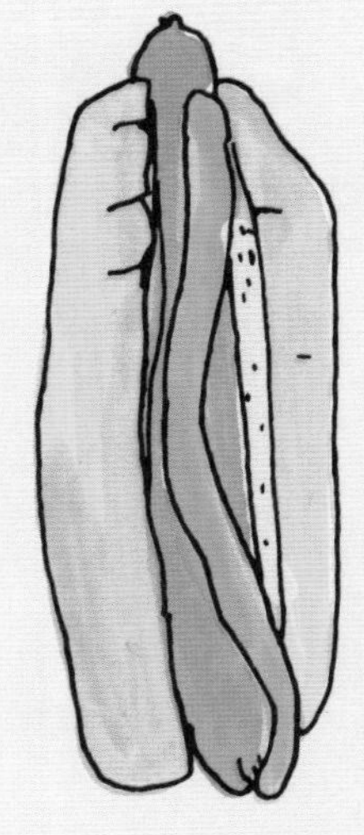

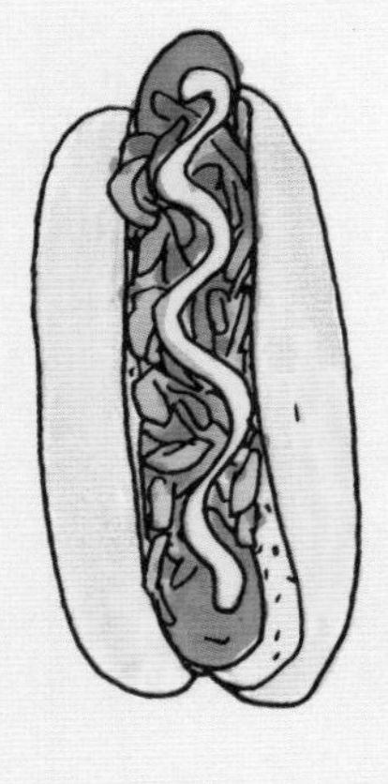

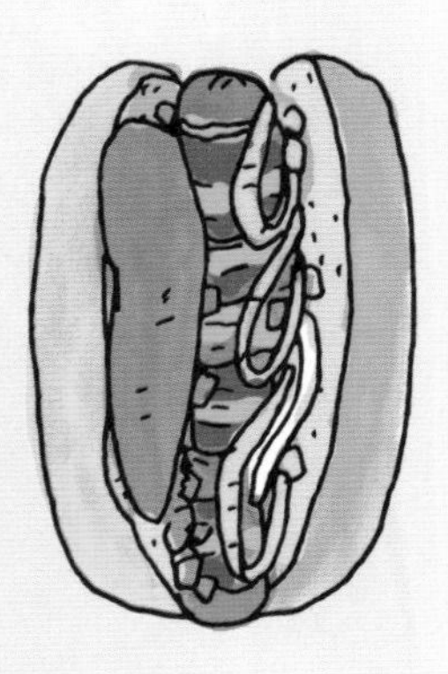

ICELANDIC PYLSUR

フェイシュフ
（アイスランド）

カリカリに揚げたオニオンスライスにラム肉のソーセージをのせ、ピルシュシネップ（スイート・ブラウン・マスタードソース）やケチャップなどをかける。

NYC "DIRTY WATER" DOG

"ダーティー・ウォーター"
ドッグ
（ニューヨーク）

屋台で売っているホットドッグ。具材はゆでたソーセージとザワークラウト。ブラウンマスタードやトマト風味のスイートオニオンソースをかける。

LA STREET DOG

ストリート・ドッグ

ベーコンを巻いたソーセージのほか、角切りトマト、焼いた玉ねぎや青トウガラシなど、さまざまな具材を入れる。

FIVE STYLES OF MEAT ON A STICK
肉の串焼き 5つのスタイル

ESPETINHO
エスペチーニョ

ブラジルのポルトガル語で「小さな串焼き」の意味。何でも適当なものを串に刺し、炭火で焼く。ホットソースやファリーナという粗びきの小麦粉をつけて食べる。

CHISLIC
チスリック

サウスダコタ州の名物料理で、角切りにした肉(シカ肉、ラム、マトンなど)に下味をつけ、グリルで焼いたもの。楊枝を刺し、ソーダクラッカーとガーリックパウダーを添えて出される。

SATE
サテ

東南アジアの串焼き。ココナッツミルクとターメリックなどのスパイスでマリネした肉を串焼きにし、ピーナッツソースや野菜のピクルスなどを添える。伝統的にはバナナの葉の上に置いて焼く。

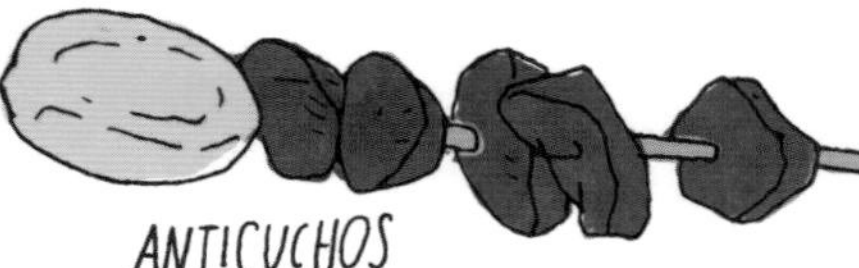

ANTICUCHOS
アンティクーチョ

ペルーをはじめとする南米の串焼き。代表的なのは牛のハツをビネガー、トウガラシ、クミン、ニンニクなどでマリネし、ジャガイモやパンと一緒に串に刺して焼く。

ARROSTICINI
アロスティチーニ

イタリアのアブルッツォ州のラム肉の串焼き。カナーラ[水路の意味]と呼ばれる、まさに水路のような形の細長いグリルで焼く。

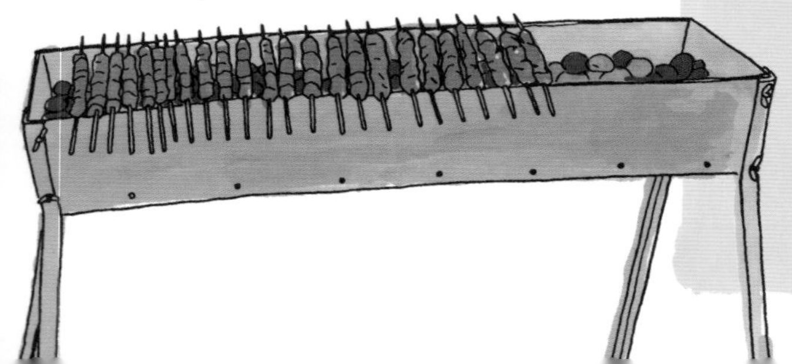

ANATOMY OF A FOOD TRUCK
フードトラックの解剖図

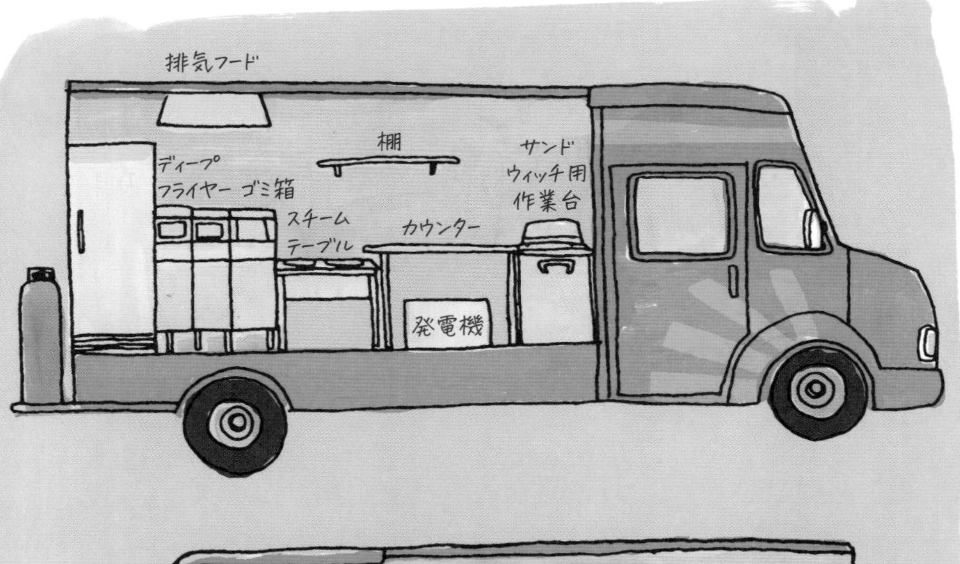

プレスティージ・フード・トラック(Prestige Food Trucks.com)の
規格案にもとづく

ON THE STREETS...
世界の移動式屋台
イタリアの焼き栗は
大きな鉄鍋で
Italian Chestnut Roasting Pan
イタリアの焼き栗
Beijing Má là tāng Stall
北京の麻辣湯（マーラータン）の屋台
麻辣湯は四川省発祥の辛いスープ料理。
いろいろな具材や麺を入れて食べる。
PLATANOS
Mexican Ambulantes
メキシコの
アンブランテス
Platanosとは
フライドバナナのこと。

長浜ラーメン
ラーメン
ラーメン
Japanese
Yatai
日本の屋台
ラーメンのほか、ビール、
日本酒、焼酎などを
売っている。
Jakarta
Kaki Lima
ジャカルタのカキリマ
インドネシアでは、フルーツと野菜で
作る伝統的なサラダ、ルジャクを売っ
ている移動式屋台をよく見かける。
New York
Hot Dog
Cart
ニューヨークの
ホットドッグ・
カート
SAUSAGE
HOT DOG
COLD DRINK
HOT
DOG

PIZZA, PIZZA!
ピッツア、ピッツァ!

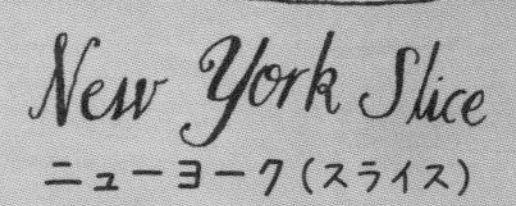

New York Slice
ニューヨーク(スライス)

ニューヨーク中の街角で見かける小さなピザ店で売っているシンプルなピザ。ひと切れ1ドルちょっと。

Sicilian Pizza Slice
シチリア風ピザ(スライス)

アメリカでは、この分厚くて四角いピザ生地の裏面はカリッと焼け、なかはもちもちのパンのような食感。チーズとトマトソースがたっぷり。

New Jersey Tomato Pie
ニュージャージー・トマトパイ

分厚いしっかりした生地の上に、つぶしたトマトのソースを塗り、少量のすりおろしたパルミジャーノをかける。イタリアのシチリア島の街、パレルモの名物、スフィンチョーネによく似ている。

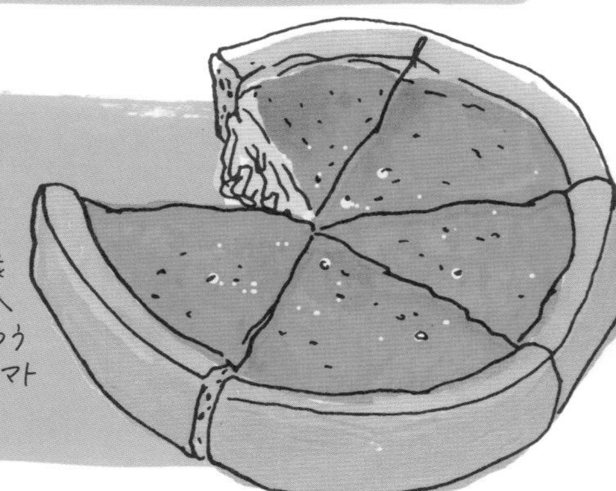

Chicago Deep Dish
シカゴ風ピザ

スチール製の深皿で焼くため、ピザ生地が縁まで高く盛り上がり、ソースや具材をたっぷり入れられる。長時間焼くのでこげないよう、ふつうのピザとは逆に、生地の上にチーズ、具材、トマトソースの順番にのせる。

Pizza al Taglio
ピッツア・アル・タッリョ

このローマ風ピザは長方形の焼き皿に入れ、電気オーブンで焼く。ハサミでカットし、量り売りされることが多い。

Detroit Deep Dish
デトロイト風ピザ

シチリアのピザに似た、四角いピザ。焼き皿に油をたっぷり塗るため、分厚い生地の外側は揚げたようにカリッとしているが、なかはもちもち。二度焼きする場合もある。

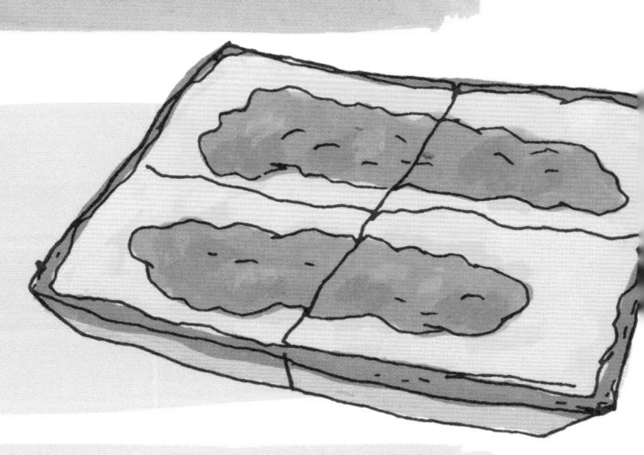

Neapolitan Pizza Margherita
ナポリ風ピッツア・マルゲリータ

ナポリ発祥のピザ。火力の強い薪窯でさっと焼いた、ふわっとした生地が特徴。本格的なマルゲリータは、サンマルツァーノ種のトマト、バジル、イタリアのカンパーニア州産の水牛の乳で作ったモッツァレラチーズで作る。

St. Louis Pizza
セントルイス風ピザ

クラッカーのように薄い生地に、プロベルチーズ（チェダー、スイス、プロヴォーネをブレンドしたプロセスチーズ）をたっぷりかけて焼いたピザ。四角にカットして食べる。

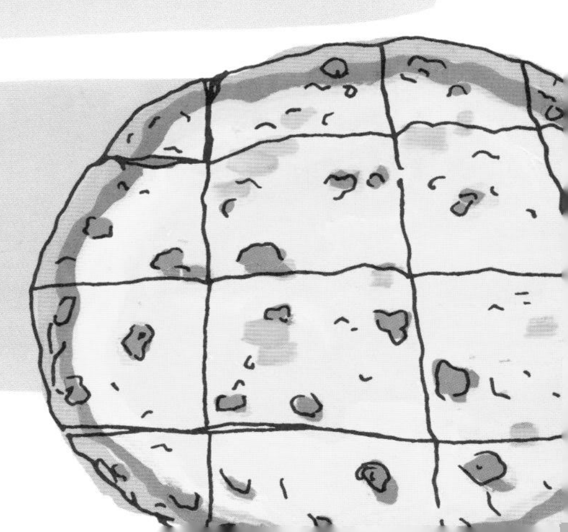

TAQUERIA TERMINOLOGY

タケリアの用語

［タケリアはタコスやブリトーなどのメキシコ料理店］

TACOS DE... **BUCHE** - タコス・デ・ブーチェ
豚の胃

CABEZA - タコス・デ・カベーサ
牛の頭［頬肉、眼、舌、脳など］

LENGUA - タコス・デ・レングア
牛タン

ARABES - タコス・デ・アラベス
ラムのひき肉を小麦粉で作ったトルティーヤでぴっちり巻いたもの

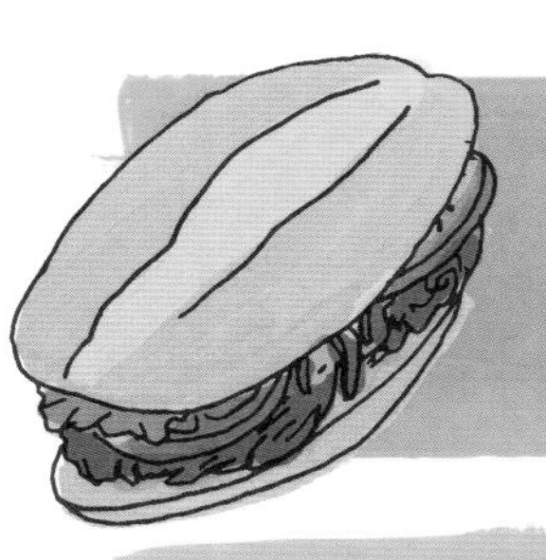

TORTA トルタ

メキシコ風サンドウィッチ。外側が少し硬めで中はやわらかく、上部に割れ目のあるテレラというパンに、煮込んだ豆、チリソース、アボカドなど、さまざまな具材をはさむ。

SUADERO スアデロ

スアデロとは、牛の胸肉を細切りにし、中心がドーム型に盛り上がった専用の鍋に入れ、肉汁で煮込んだもの。

TLAYUDA トラジュダ

トウモロコシ粉で作った大きくて薄いトルティーヤに、煮込んだ豆やラードのほか、モッツァレラに似た、オアハカ産のチーズを細切りにしたものをトッピングにする。

GORDITA DE CHICHARRÓN ゴルディータ・デ・チチャロン

トウモロコシ粉の丸い揚げパンに、豚皮をチリソースで煮込んだものをはさむ（スペイン語のチチャロンは「豚皮」、ゴルディータは「ぽっちゃりした」という意味）。

ALAMBRE アランブレ

肉、玉ねぎ、トウガラシの網焼きにとろけるチーズを加え、何枚かのトルティーヤとともに出される。

CHAPTER 7

Season to Taste

風味を引き立てる調味料

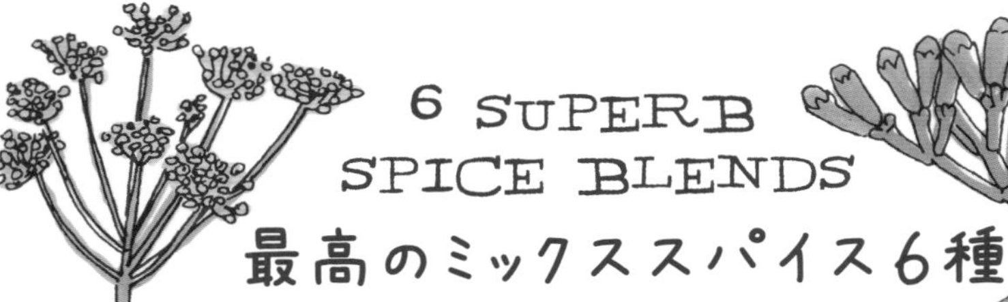

6 SUPERB SPICE BLENDS
最高のミックススパイス6種

クローブ
(丁子)

Chinese Five Spice
五香粉(ウーシャンフェン)

中国の香りのよい調味料で、花椒(ホアジャオ)のもたらす、舌がしびれるようなぴりっとした辛味がある。花椒は黒コショウやトウガラシとは無関係で、中国山椒、四川山椒などとも呼ばれる。五香粉の材料は地域によってさまざまで、肉料理やラー油作りなどに使われる。

○下記の材料を混ぜ合わせる

- シナモンパウダー … 大さじ1
- クローブパウダー … 大さじ1
- フェンネルシード(煎ってから粉状にすりつぶしたもの) … 大さじ1
- スターアニス(八角)パウダー … 大さじ1
- 花椒(煎ってから粉状にすりつぶしたもの) … 大さじ1

シナモンスティック
(シナ肉桂/カシア)

スターアニス
(八角)

Za'atar
ザータル

中東地域の酸味のあるミックススパイス。タイム、ゴマ、スマック(スマックという植物の濃赤色の実を乾燥させて粉状にしたもの)などを混ぜ合わせたもの。良質のエキストラバージンオリーブオイルをたっぷりかけたピタパンにちらしたり、フムスにまぶしたり。肉や野菜の味付けにも用いる。

○下記の材料を混ぜ合わせる

- 生のタイムを刻んだもの … 大さじ2
- 煎りゴマ … 大さじ2
- スマックパウダー … 小さじ2
- シーソルト … 小さじ1/2

スマック
[赤紫蘇ふりかけのような風味の香辛料になる]

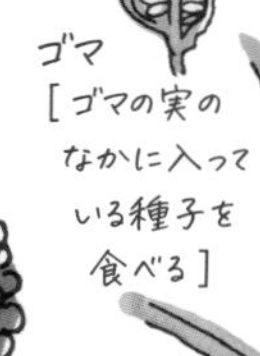

トウガラシ

Mitmita
ミトミタ

同じエチオピアのミックススパイスでも、ベルベレ［10種類以上もの香辛料を混ぜ合わせたもの］ほど有名ではない。トウガラシが主な材料のミトミタは、豆の煮込みにふりかけたり、「キットフォ」という牛肉のたたきに用いる澄ましバターに混ぜたりする。

○下記の材料を細かい粉状にする

- 乾燥させたトウガラシまたはピリピリ［キダチトウガラシの一種］ … 約225グラム
- ブラックカルダモン（さやから種子を出して、乾煎りしたもの） … 大さじ1
- クローブ（ホール・乾煎りしたもの） … 大さじ1/2
- シーソルト … 1/4カップ

Garam Masala
ガラムマサラ

インド料理でよく使われるミックススパイスで、ガラムは「辛い」という意味。体を温めるスパイスがたくさん入っており、それぞれの家庭によって配合は異なる。

○下記の材料を香りが出るまで乾煎りしてから、粉状にする

- コリアンダーシード … 大さじ4
- クミンシード … 大さじ1
- 黒コショウの実 … 大さじ1
- ブラッククミンシード … 小さじ1・1/2
- ショウガパウダー … 小さじ1・1/2
- ブラックカルダモンシード … さや4個分
- クローブ（ホール） … 25粒
- シナモンスティック … 6センチ（粉々に砕く）
- ローリエ … 1枚（粉々に砕く）

ショウガ

Hawaji
ハワイジュ

イエメンの万能ミックススパイスで、スープ、野菜料理、肉のロースト、ライスなど、いろいろな料理に使える。アニス、フェンネル、ショウガ、カルダモンで作るレシピもあり、そちらはコーヒーや紅茶の風味づけに用いる。

○下記の材料を香りが出るまで
乾煎りしてから、粉状にする

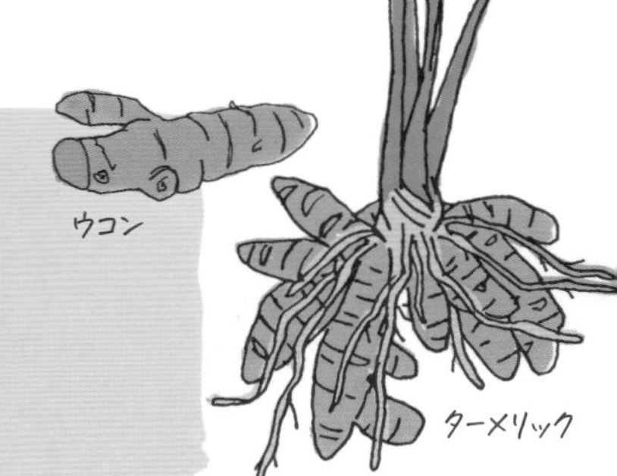

- 黒コショウの実 … 大さじ6・1/2
- クミンシード … 1/4カップ
- コリアンダーシード … 大さじ2・1/2
- グリーンカルダモン（さやごとつぶしたもの）… 大さじ1・1/2
- ターメリックパウダー … 大さじ3・1/2

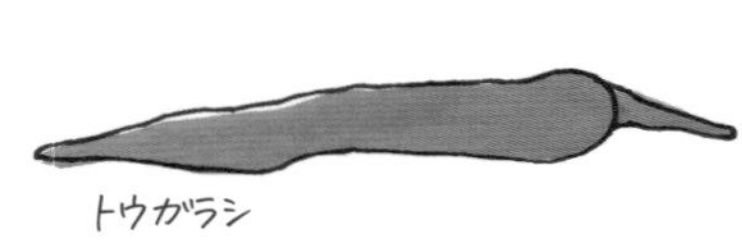

Shichi-Mi Tōgarashi
七味唐辛子

トウガラシをメインに七種類の香辛料を調合した日本のミックススパイス。薬味として、汁物や料理にかける。

○下記の材料を混ぜ合わせて乾煎りし
（ショウガパウダーを使う場合、それは除く）、粗く粉砕する

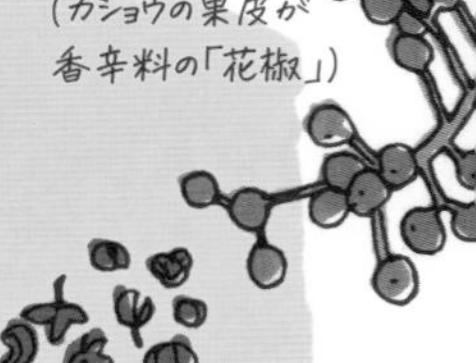

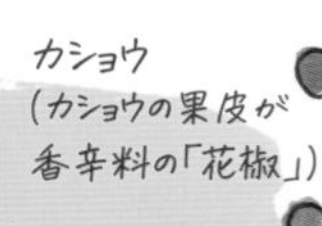

- トウガラシ（フレーク状）… 小さじ3
- 日本の山椒または中国の花椒 … 小さじ3
- 青海苔 … 小さじ1
- 陳皮（乾燥させたミカンの皮）… 小さじ3
- 白煎りゴマ … 小さじ2
- 黒煎りゴマ … 小さじ1
- ケシの実か麻の実（またはショウガパウダー）… 小さじ1

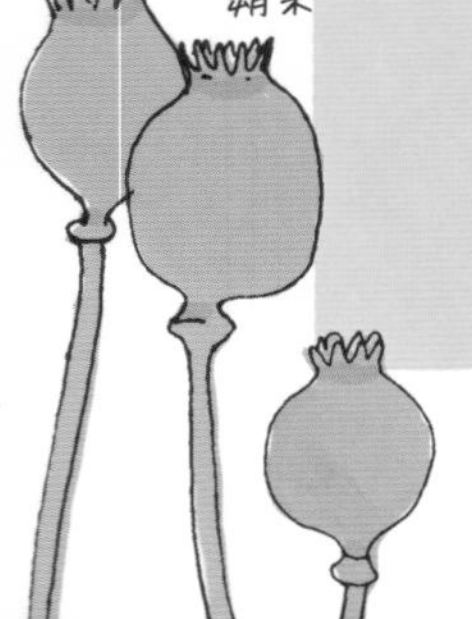

THAT'S HOT!
決め手はトウガラシ！

ホットソースの主な原料はトウガラシ。実が熟すにつれてさまざまな風味を醸し出す。その土地ならではのトウガラシやホットソースが、料理の味の決め手となっている場合も多い。

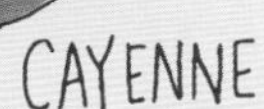

カイエンペッパー

真っ赤に熟した辛いトウガラシを塩水で発酵させ、長期間、樽で熟成したものをビネガーで希釈したものは、ルイジアナ風ホットソースに欠かせない風味をもたらしてくれる。

SCOTCH BONNET

スコッチ・ボンネット

フルーティーな香りと甘みのある激辛トウガラシ。西インド諸島（カリブ海地域）では、スコッチ・ボンネットとビネガー、もしくは酸味の強い柑橘類の果汁を混ぜ合わせる。少量のニンジンや玉ねぎを加えることも多い。

BIRD'S EYE

バーズアイ

小さいながらもフルーティーで非常に辛いトウガラシ。東南アジアではこれを砕いてニンニク、玉ねぎ、ライムの果汁と混ぜ合わせ、フィッシュソースで希釈する。

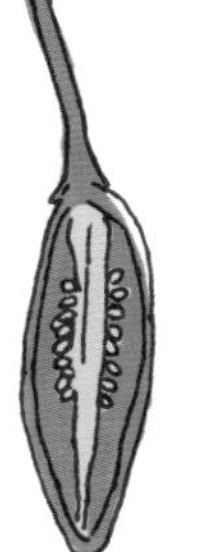

トウガラシに独特の風味をもたらすのは、カプサイシノイド。多くの種類があり、トウガラシの種類によって、含有するカプサイシノイドの種類や量は異なる。
もっともよく知られているカプサイシンは、トウガラシに辛味をもたらす成分で、皮膜や種子に多く含まれている。

レッドサビナ	350.000-550.000
ハバネロ	100.000-325.000
タイ	70.000-100.000
カイエン	30.000-50.000
セラーノ	8.000-25.000
ハラペーニョ	2.500-4.500
アナハイム	500-2.500
スイートベル	0

スコヴィル値はトウガラシの辛さを表す単位。辛みを感じなくなるまで砂糖水で薄めた場合の希釈倍率を示す。

A LITTLE SOMETHING SWEET
いろいろな甘味料

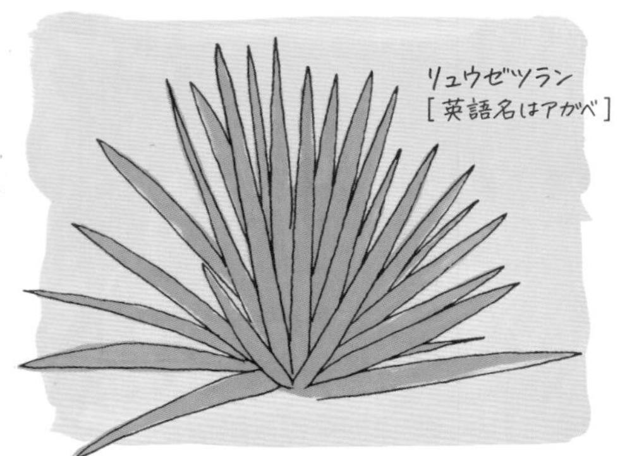

Agave Syrup
アガベシロップ

テキーラやメスカルの原料であるリュウゼツランの樹液から作られる。未精製のものは色が黒っぽく、ミネラルを多く含んでおり、キャラメルのような風味をもつ。

Honey
ハチミツ

ハチミツの風味の最大の決め手は、花。もっとも珍重されるのは一種類の花から採られたハチミツで、たとえば、ラベンダーの花でいっぱいの丘や、柑橘類の畑や、黄金色の小麦畑から、ミツバチたちが集めてきたもの。量産品のハチミツは多くの種類をブレンドしたもので、風味よりも甘さを楽しむためのもの。

ハチの巣は美しいだけでなく、食べられる。チーズの盛り合わせに添えても。

Cane Syrup
ケーンシロップ

サトウキビジュースを濃縮した黒っぽい色の甘いシロップで、ミネラルを多く含み、豊かな風味をもつ。ルイジアナ州で愛されている甘味料。

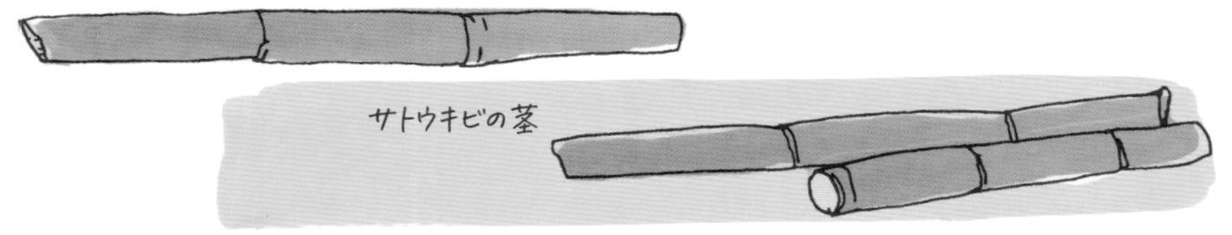

Sugar
砂糖

テンサイやサトウキビが主要原料。テンサイの根やサトウキビの茎から搾り取った汁を結晶ができるまで煮詰めてから、乾燥させる。白砂糖を作るには、さらに不純物を取り除いて純度が高い結晶にする。

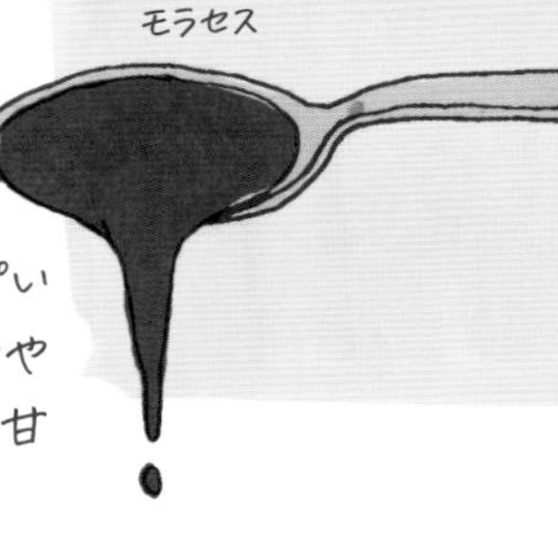

Molasses
モラセス（糖蜜）

砂糖の精製過程で生じる、黒っぽいシロップ状の残液。糖蜜は、ブドウやデーツ（ナツメヤシの実）、ザクロなどの甘い果実でも作ることができる。

Corn Syrup
コーンシロップ

コーンスターチ（トウモロコシのデンプン）を酵素で分解して果糖に変換して作る。ライト・コーンシロップはバニラ風味で塩を加えたもの。ダーク・コーンシロップは糖蜜を加え、キャラメル風味で塩を加えたもの。ブドウ糖果糖液糖は甘さがより強く、溶けやすく、保湿性が高いため、加工食品の製造に最適。

Sorghum Syrup
ソルガムシロップ

ソルガムはイネ科の一年草（コーリャン、モロコシ）。アメリカ人にはあまりなじみがないが、ソルガムの茎から搾り取った汁を煮詰めて作ったシロップ。

In the Sugar House
製糖所にて

主にアメリカ北東部およびカナダで生産されているメープルシロップは、サトウカエデやクロカエデの木々が芽吹く直前の早春のころ、樹液を煮詰めて作る。

樹液を長時間、107℃で煮詰めていくとシロップになる。1ガロン［約3.8リットル］のシロップを作るには、40～80ガロン［約150～300リットル］の樹液が必要。

SUGAR BUSH
シュガーブッシュ
樹液を採るためのサトウカエデの原生林。

SPILES
差し管
木に穴を開け、金属かプラスチックの管を挿入する。その管をつたってバケツに樹液がたまっていく。

SUGAR HOUSE 製糖所 樹液を煮詰める場所。

EVAPORATORS 蒸発器 巨大なステンレス製の浅いタンクで、薪やガスの火で下から加熱する。

GRADE A グレードA バーモント・ファンシーとも呼ばれる、もっとも色の薄い、軽やかな風味のメープルシロップ。いっぽう、サトウカエデの新芽が膨らんできたころに採った樹液は色や風味の濃いシロップになり、グレードBと呼ばれる。

Creamy Maple Mocha Pudding
クリーミー・メープル・モカプディング

・コーンスターチ … 大さじ3
・インスタントコーヒー（粉）… 大さじ1
・無糖ココアパウダー … 小さじ1
・塩 … ひとつまみ
・卵黄 … 3個分
・牛乳 … 3カップ
・ピュアメープルシロップ … 1/2カップ
・無塩バター … 大さじ1
・バニラエッセンス … 小さじ1

1. 大きめの重たい鍋に、コーンスターチ、インスタントコーヒー、ココアパウダー、塩を入れ、さっと混ぜる。ボウルに卵黄を入れ、泡だて器で軽く混ぜたら、そこに牛乳とメープルシロップを加えて混ぜ、それを鍋に入れる。

2. 鍋を中火にかけ、煮立つまでゆっくりと加熱する。そのあいだゴムベラで鍋肌を触りながら、やさしく混ぜ続けること。鍋を火から下ろし、バターとバニラエッセンスを加えて混ぜる。

3. 2を4〜5個の器にそれぞれ注ぐ。ワックスペーパーを器と同じ大きさに切って表面にのせると、泡ができにくい。粗熱が取れたら冷蔵庫に入れ、数時間冷やしてから食べる。

OLIVE OIL ARGOT
オリーブオイルの用語

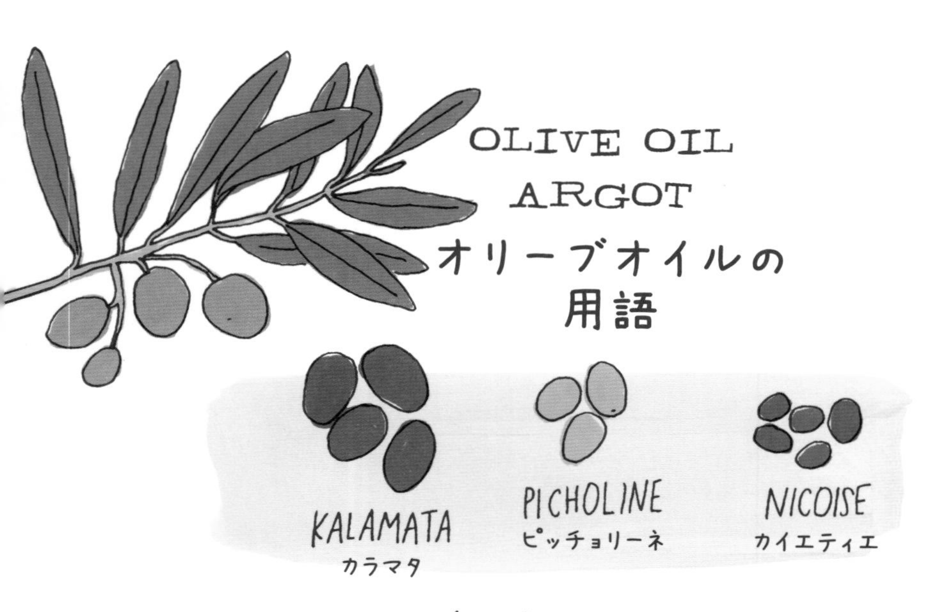

Acidity
酸度

国際オリーブ協会（IOC）によるオリーブオイルの等級付けの指標の一つに、酸度がある。一般的に、酸度が低いほど風味が複雑で、抗酸化物質を多く含む。ふつうの「オリーブオイル」の酸度は約2%、「バージンオイル」の酸度は約1、5%、最高品質の「エクストストラ・バージンオイル」の酸度は0、8%以下。

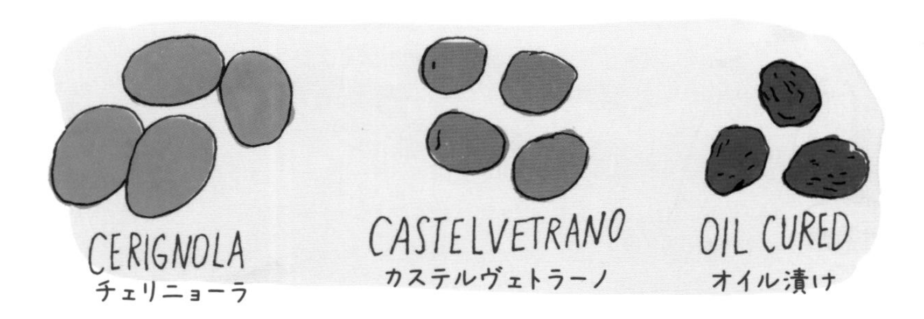

緑色のオリーブの実は熟すと黒くなる。生で食べると苦いので、食用オリーブは塩水や苛性アルカリ溶液に漬けて作る。その後、オイルに浸してやわらかくしたものもある。

伝統的圧搾法で使われる石臼

First Cold Press
ファースト・コールドプレス

オリーブの実から搾ったオイルをコールドプレス製法で抽出したもので、エクストラ・バージンオイルはすべてこの製法で作られる。加熱する製法や、オリーブの搾りかすから溶剤によって油分を抽出する方法のほうが大量のオイルが取れるが、質は低い。

Harvest Date
収穫日

最高品質のエクストラ・バージンオイルは、実を収穫した直後に搾られ、瓶に詰められるが、なかにはステンレスの大樽で何年も保存してから瓶に詰めるものもある。

New Harvest
初搾り

初摘みしたオリーブの実を初搾りしたオイルで、風味がもっとも強い。北半球では秋に、南半球では春におこなう。

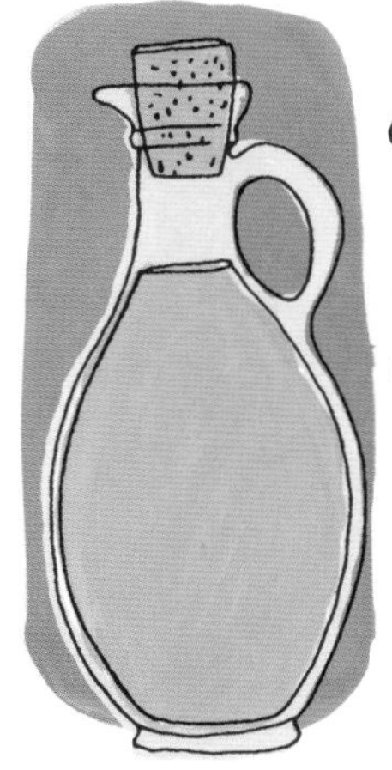

Unfiltered
無濾過

オリーブの実の微細な粒子が残っていて、風味がより豊か。加熱すると微妙な風味が消えてしまうので注意（常温がおすすめ）。

Country of Origin
原産国

収穫地と瓶詰め業者の距離が近いほど望ましい。原産地に多くの国名が記載されている場合は、生のまま調味料として使わず、加熱調理に使おう。ヨーロッパの原産地名称保護制度の認証マーク（P.D.O.など）が表示されている場合は、そのオイルが産地の伝統的な製法で作られている証。

MUSTARD
マスタード

マスタードはさまざまな種類のカラシナの小さな丸い種子から作る。種子を砕いたり、挽いたり、あるいは丸ごとビネガー、ワイン、その他の調味料と一緒に混ぜ合わせたりする。

さや

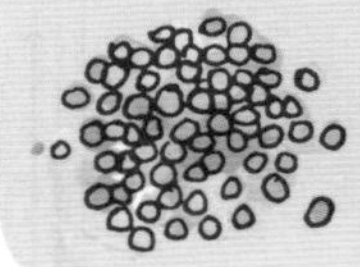

イエロー／ホワイト
マスタードシード
辛味は弱く、まろやか

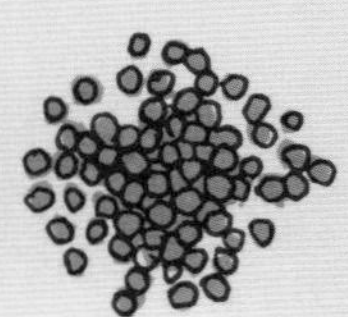

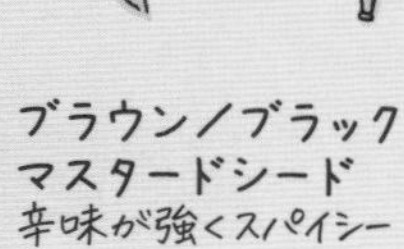

ブラウン／ブラック
マスタードシード
辛味が強くスパイシー

ベルギーの古都ゲントには、「ティーレンタイン・フェルレント」という1790年創業の老舗のマスタード専門店がある。創業者のアデライン・フェルレントは夫を亡くしたあと、スパイスの店を営んでいたが、やがてフランスでマスタードの製法（マスタードシードを細かく挽いて未熟ブドウ果汁で溶く方法。この製法が開発された街の名を冠し、ディジョン・マスタードとして有名）を学んだ親族とともに、この店を開いた。
店内のカウンターやキャビネットや容器は、すべてオリジナル。コルクの蓋のついた陶製の壺をはじめ、容器の種類や大きさはバラエティに富んでおり、古めかしい木の樽に入ったマスタードを、好きな容器にその場で詰めてもらうことができる。

How to Make Vinegar in 5 Steps

5ステップのビネガー作り

1. ガラスの容器に、品質のよい炭酸水とビールもしくはワインを入れる。

2. ビネガーの「酢母（さくぼ）」（マザー）を加える。マザーとは酢酸菌（さくさん）（アセトバクター）を含む少量の天然ビネガーのことで、酢酸菌の作用によってエタノール（アルコール）が酸化発酵され、酢酸（ビネガー）になる。酢母は発酵の副産物であるセルロースで、多くはクラゲのような塊の状態になっている。誰かから分けてもらうか、天然発酵のビネガーの瓶のなかに沈んでいるものを使う。理論上は、酢母はどんな種類のアルコールに対しても作用するが、それまで使われてきたのと同じ種類のアルコールを使ったほうがよく育つ。

3. 清潔なふきんなど（ガーゼの場合は何枚か重ねる）で瓶の口を覆って蓋をする。室温が氷点下を切らず、32℃以上にならない場所で保存する。室温が高いほど発酵が促進され、アルコールからビネガーに変わるのが早くなる。カビを見つけたら瓶の中身をすべて捨て、もう一度やり直したほうがよい。

4. 毎週味見をしながら、しばらく待つ。1か月ほどすると、ビネガーっぽい味がするようになり、時間が経つにつれ酸味が増す。ちょうどよい味になったら、ビネガーをほかの容器に移す。瓶にアルコールを注ぎ足せば、さらにたくさんビネガーを作れる。

5. ビネガーの保存法は、冷凍して発酵の速度を遅らせるか、濾過したものを68℃で加熱し、発酵を止める。発酵を止めれば、室温で保存しても風味は変化しない。
木の樽に入れて熟成させれば、甘やかな風味をまとったビネガーを作ることができる。

SALT
塩

TABLE SALT
テーブルソルト（食卓塩）

精製され粒のサイズが細かく均一で、さらっとした塩に凝固防止剤を混ぜたもの。ヨウ化カリウムを加えたものは、ヨウ素添加塩として販売されている［日本では販売されていない］。

KOSHER SALT
コーシャーソルト

テーブルソルトよりも粒が大きい、さらっとした塩。元々はユダヤ教のコーシャ認定［教義に従った安全な食品に与えられる］を受けた塩を指していたが、現在では必ずしもそうとは限らない。

SEA SALT
シーソルト（海塩）

シーソルトの品質はさまざまだが、一般的にテーブルソルトやコーシャーソルトよりも粒が大きく、フレーク状になっている。

塩にうるさい人たちは、厳密に言えば、あらゆる塩はシーソルトだと冗談まじりに語る。なぜなら、岩塩は地面の下の堆積物を掘り起こしたものだが、かつてはそこも大海原だったわけで——シーソルトはさまざまな方法で海水が蒸発してできるものだから。大昔から、塩作り職人による伝統製法では、海沿いのたくさんの塩田に海水をまき、やがて塩田の表面に浮く白い結晶をかき集め、石臼で挽くなどして、粗塩や細かい塩を作る。

コショウ

PIPER NIGRUM,

学名：ピパーニグラム

PEPPER
コショウ

ホワイトペッパーも、グリーンペッパーも、ブラックペッパーも、同じ熱帯性のつる性植物、コショウの果実を原料としているが、微妙に異なる風味をもつ。ホワイトペッパーは完熟した赤い果実の果皮を取り除いて乾燥させたもの。グリーンペッパーは完熟していない緑色の果実を、黒くならないように塩漬けして乾燥させるか、フリーズドライにしたもの。ブラックペッパーは完熟していない緑色の果実を天日乾燥させたもの。熱帯地域ではさまざまな種類のコショウが栽培されており、それぞれ魅力的な風味をもっている。

PINK
ピンク

TELLICHERRY BLACK
テリチェリー・ブラック

MALABAR BLACK
マラバール・ブラック

SARAWAK WHITE
サラワク・ホワイト

MUNTOK WHITE
ムントック・ホワイト

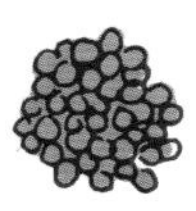

GREEN
グリーン

Pepper Mills
ペッパー・ミル（コショウ挽き）

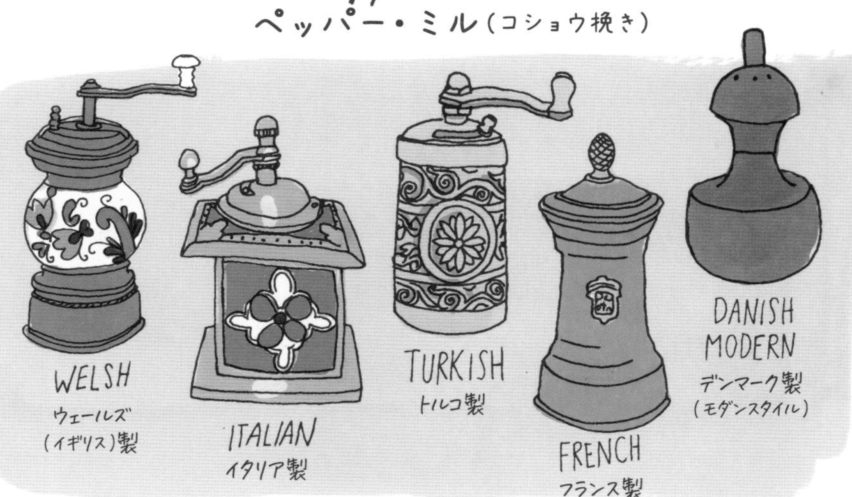

CHAPTER 8

Drink Up!

乾杯！

COFFEE
コーヒー

コーヒーの豆は、コーヒーの木の真っ赤な核果(コーヒーチェリー)の種子の部分。そのなかに、いわゆる緑色のコーヒーの豆があり、皮膜や果肉を除去したものを焙煎し、挽いた粉でコーヒーを淹れる。このような工程やコーヒーの木の栽培方法によって、異なる味わいのコーヒーが生まれる。

コーヒー豆にはさまざまな種類があるが、もっとも多く栽培されているのはアラビカ種とロブスタ種。おおまかに言えば、アラビカ種のほうがフルーティーで酸味があり、カフェイン量はロブスタ種のほうが多い。

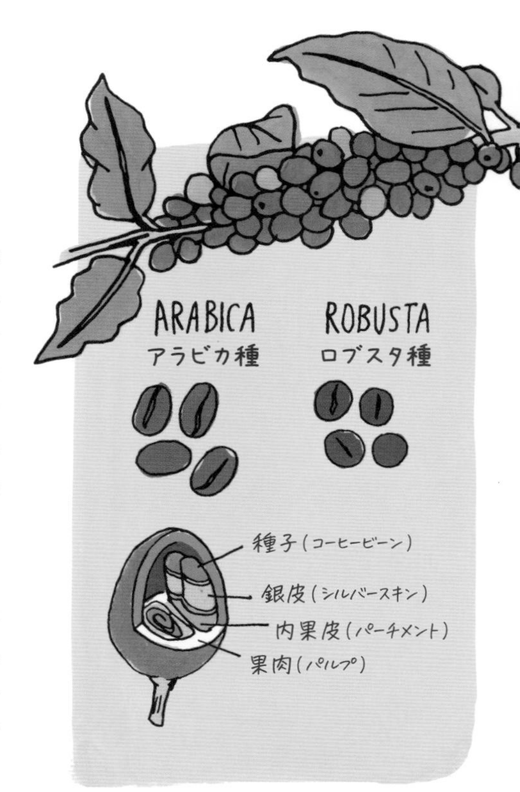

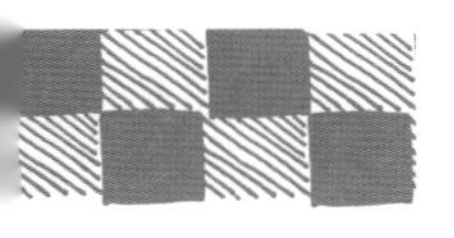

ESPRESSO GUIDE
エスプレッソ・ガイド

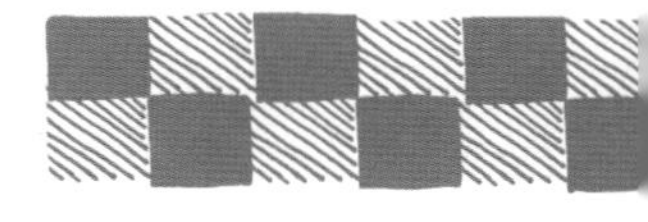

ESPRESSO
エスプレッソ

RISTRETTO
リストレット

MACCHIATO
マキアート

CAFÉ CRÈME
カフェ・クレーム

CAPPUCCINO
カプチーノ

AMERICANO
アメリカーノ

BREVE
ブレーヴェ

MOCHA BREVE
モカ・ブレーヴェ

MOCHA
モカ

BLACK EYE
ブラック・アイ

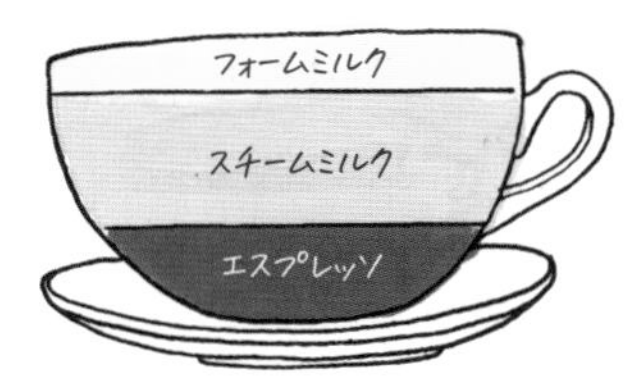

CAFFÈ LATTE
カフェ・ラテ

CAFÉ AU LAIT
カフェ・オ・レ

CAFÉ CON LECHE
カフェ・コン・レチェ

エスプレッソ・マシン

エスプレッソ・マシンは、エスプレッソ用に挽いたコーヒー豆をカップ型の金属フィルターに詰め、高圧・高温、短時間で濃厚なコーヒー液を抽出する。1884年、最初に特許を登録したのはイタリアのトリノのアンジェロ・モリオンド。さらに1901年にはミラノのルイジ・ベゼラが技術的な改善によって特許を登録。それをミラノのラ・パヴォーニ社が買い取って、このエスプレッソ・マシンを製造した。

CAFFEINE
カフェイン

紅茶
8オンス
［約236ミリリットル］
14～70ミリグラム

緑茶
8オンス
［約236ミリリットル］
24～45ミリグラム

エスプレッソ
シングル
［約30ミリリットル］
80～100ミリグラム

ブラックコーヒー
1カップ
［約200ミリリットル］
100～125ミリグラム

A SPOT OF TEA
一杯のお茶

本物のお茶（それ以外はハーブの成分が浸出したもの）は、すべてアジア原産の常緑低木、チャノキ（茶の木、学名：Camellia sinensis）の葉と芯芽から作られる。多くの栽培品種や特定の栽培地域が存在するが、すべてのチャノキは中国種とインドのアッサム種の二つに大別される。

白茶　黄茶

やわらかな新芽が採れるのは、年に数日。新芽を摘み、わずかに発酵させたら速やかに乾燥させる。

緑茶

茶葉を摘んだら、発酵を防ぐため、速やかに乾燥させる。

ウーロン茶

大きな茶葉を半発酵させてから乾燥させる。

紅茶

芯芽や若葉を揉捻（じゅうねん）し、完全発酵させてから乾燥させる。

プーアール茶

茶葉を麹菌（こうじ）などの微生物によって後（こう）発酵させ、熟成させる。

WHAT'S
BREWING?
きょうはどんなお茶？
TOKONAME
常滑焼の急須
(日本)
緑茶を淹れるのに使う
GEORGIAN SILVER
ジョージアン様式の銀器(イギリス)
ティーポット
SAMOVAR
サモワール(ロシア)
家庭用の銅製湯沸かし
YIXING
イーシン(中国)
中国茶用のポット
ÇAYDANLIK
チャイダンルック(トルコ)
やかんとティーポットのセット

TEA TIME AROUND THE WORLD
世界のティータイム

When Life Gives You Lemons...

レモネードを飲んでがんばろう

PAPELÓN CON LIMÓN

パペロン・コン・リモン

ベネズエラの飲み物。未精製の濃い茶色の甘蔗糖、水、ライムもしくはレモンの果汁で作る。

LIMONANA

リモナータ

中東の飲み物。搾りたてのレモン汁、ハチミツ、塩を混ぜて冷蔵庫で冷やしたものを水または炭酸水で割って、スペアミントの葉を浮かべて飲む。

CHANH MUỐI

チャンムオイ

ベトナム風レモネード。まるごと塩漬けしたレモンもしくはライムに砂糖と水もしくは炭酸水を加える。

ARNOLD PALMER

アーノルド・パーマー

レモネードとアイスティーを半々でブレンドした飲み物。これを好んで飲んでいたと言われるアメリカのゴルフ選手にちなんで名付けられた。ハーフ&ハーフとも呼ばれる。

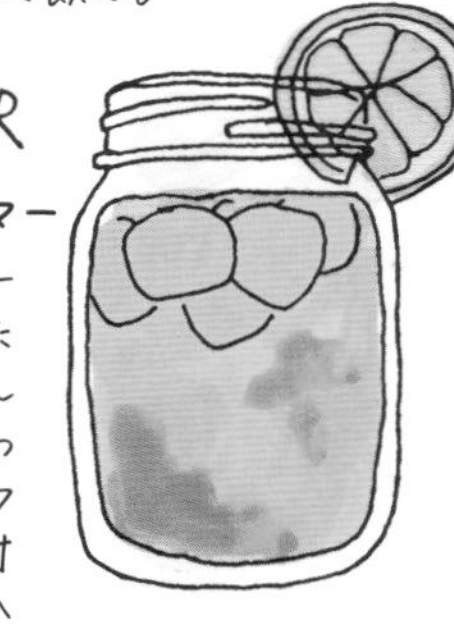

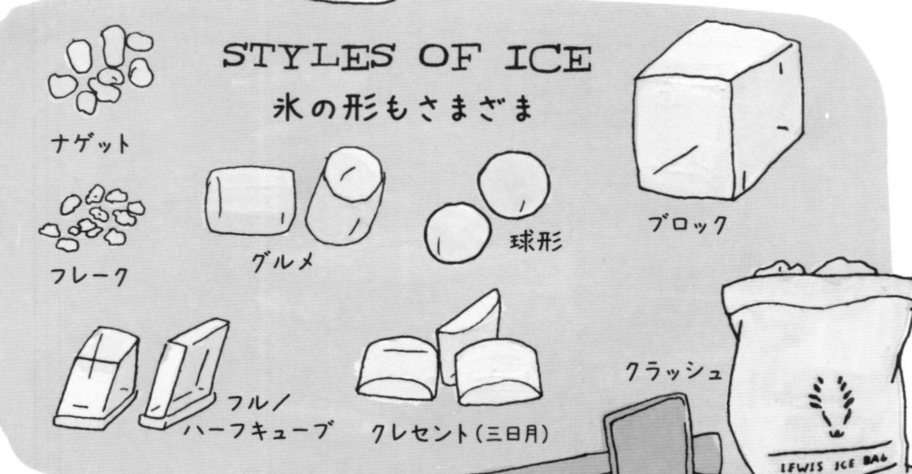

Shikanjvi for Two

ふたりでシカンジを

スパイスを加えたインド風レモネードで、ニンブ・パニとも呼ばれる。レシピはさまざまだけれど、ぜひ、ショウガの薄切りや、糸状のサフランやローズウォーターを使って、ミントを添えてみて。

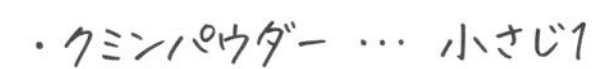

- クミンパウダー … 小さじ1
- 搾りたてのレモン汁 … 大さじ2
- カーラナマック［ヒマラヤ岩塩］もしくは
  インドのブラックソルト … 小さじ1/2
- 砂糖 … 大さじ3
- フレッシュミントの葉 … 4枚（あれば）
- 冷水 … 2カップ
- 角氷 … 1〜2カップ分

1. 小さなフライパンにクミンを入れ、強めの中火にかけ、香りが出て色づくまで炒める。フライパンを火から下ろし、置いておく。

2. 約1リットル用の蓋付きメイソンジャーに2カップの冷水を入れる。

3. 2にレモン汁、カーラナマック（塩）、砂糖を加える。ジャーに蓋をして、砂糖が溶けるまでよく振って混ぜる。

4. グラスの底にミントの葉を2枚ずつ入れてから、氷を入れる。そこへ3を注ぎ、氷が少し溶けて飲み物が冷たくなるまでかき混ぜる。お好みでさらにミントを浮かべ、すぐにテーブルへ。

FIZZY SIPS
シュワシュワな飲み物

ガソジン

イギリスのヴィクトリア朝時代の炭酸水製造器。上部にガスを入れ、下に水を入れる。ソーダ・サイフォンの一種。

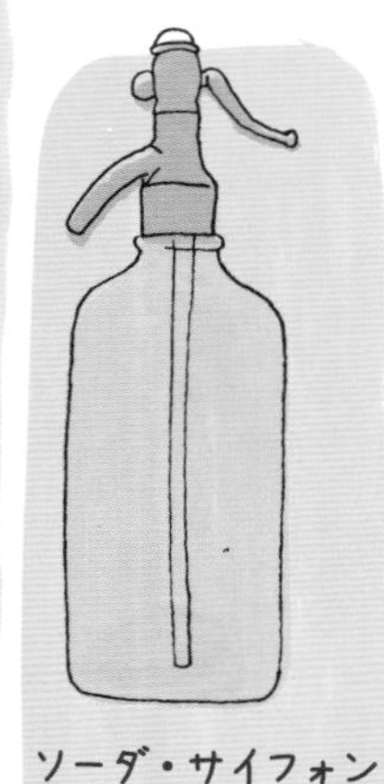

ソーダ・サイフォン

注ぎ口のバルブによって内部の圧力が維持される。

SELTZER WATER
セルツァー炭酸水

セルツァー炭酸水の名前は、ドイツのセルタースという村の発泡性の天然鉱水(ミネラルウォーター)の湧き水に由来する。いまでも発泡性ミネラルウォーターの天然水源は存在するが、現在ではほとんどの炭酸水は人工的に作られたもの。炭酸水の製造技術は、1767年にイギリスのジョゼフ・プリーストリーが発明した。かつての炭酸水はミネラルや塩分を含んでいたが、現在の炭酸水は水と炭酸ガスだけで作られている。炭酸ガスを低濃度で水に溶解させると炭酸が発生し、わずかな苦みが生じる。

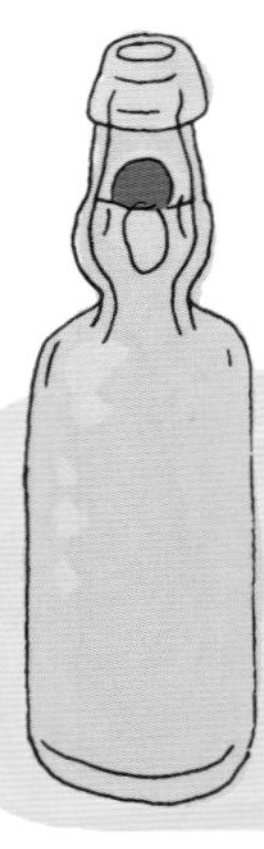

コッドネック・ボトル

[イギリスのハイラム・コッドが1872年に発明。日本ではラムネ瓶]

瓶に炭酸水を注入してからさかさまにすることで、ビー玉が瓶の口に押し付けられて密封する仕組み。

SOFT DRINK
ソフトドリンク

炭酸に甘味料や香料を加えたフレーバーウォーター。着色料や保存料、カフェインが添加されているものも多い。アルコール飲料などの「ハード」ドリンクに対して、ソフトドリンクと呼ばれる。アメリカでは地域によって「ポップ」「ソーダ」とも呼ぶ。

1899　1900　1950

COLA
コーラ

カラメル色素とカフェインを配合した炭酸飲料。コーラという植物の実に含まれるカフェインとコカの葉に含まれるコカインを配合した伝統的な飲料に着想を得たもの。1863年にフランスの薬剤師によって開発されたコカリーフ・ワインのノンアルコール版として、1886年、ジョン・ペンバートンがコカ・コーラを開発した。

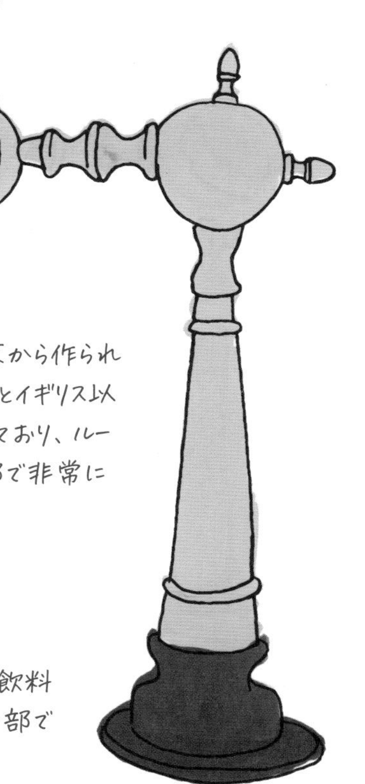

ROOT BEER　ルートビア

もともとはサッサフラス［クスノキ科の木］の根皮で風味付けされたソフトドリンク。現在では、人工調味料で風味付けされたものが多い。

SARSAPARILLA　サルサパリラ

もともとはサルサパリラというつる性の植物の根や根茎から作られるソフトドリンク（炭酸飲料）だが、現在、オーストラリアとイギリス以外ではサッサフラスとカバノキの根や根茎から作られており、ルートビアと呼ばれることもある。19世紀のアメリカ西部で非常に人気があった。

BIRCH BEER　バーチビール

数種類のカバノキの樹液や樹皮から作られる炭酸飲料で、地域によって風味や色が異なる。アメリカ北西部でもっとも多く作られている。

THE EQUATIONS OF FERMENTED BEVERAGES
発酵飲料の方程式

ビールはどのような酵母を使うかによって、いくつかの種類に大別される。エール酵母は比較的高温(20℃前後)で作用する。タンクの上面のほうで発酵し、エステル香と呼ばれるフルーティーな風味が生まれる。いっぽう、ラガー酵母(代表的なラガースタイルは、ピルスナーなど)は、低温(5℃前後)で作用し、タンクの底面のほうで発酵する。

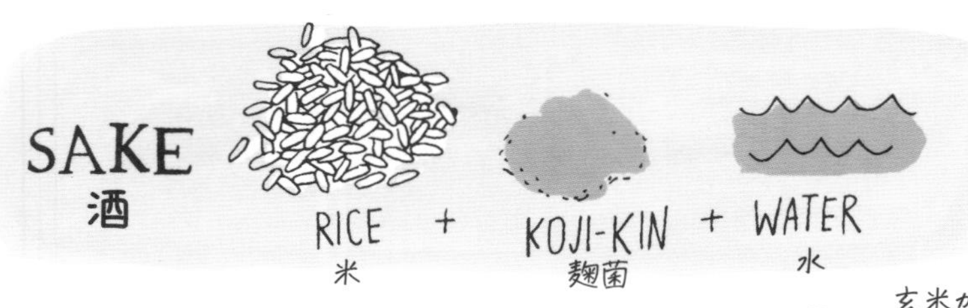

酒造りに使われる米は磨いて[酒造のために精米することを「磨く」という]、脂肪やタンパク質を多く含む表層部を取り除く。一般的に精米歩合が高いほど、上等で高価な酒になる。

玄米から50%精米する

残りの50%を醸造に用いる

KOMBUCHA
紅茶キノコ
(コンブチャ)

TEA
紅茶
(もしくは緑茶)

+

SCOBY
(酵母+細菌)

+

SUGAR
砂糖

フルーティーな酸味をもち、健康飲料として昔から人気の微炭酸の発酵飲料。濃い紅茶に砂糖を加えたものに、発酵スターター[マザーとも呼ばれる菌叢(きんそう)]としてスコビー(細菌と酵母の共生集合体)[キノコのようにぶよぶよした塊]を加えて作る。[ちなみに、昆布茶とはまったく関係がない]

CIDER
シードル

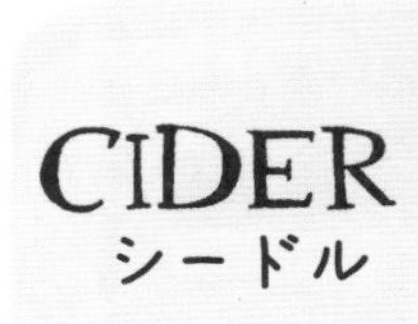

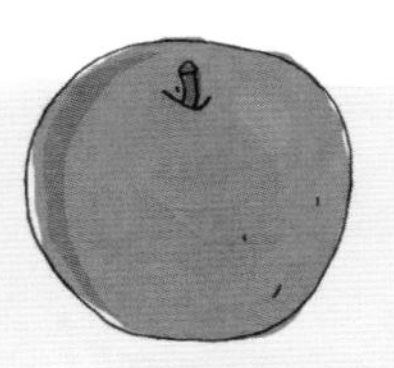

APPLE JUICE
リンゴ果汁

+

YEAST
酵母

北米の一部では、サイダーはアルコール分を含まない無濾過のリンゴジュースのことを指すが、本来はリンゴの発酵アルコール飲料を指す。

Secondary Fermentation
二次発酵

発酵によって炭酸ガスが発生するが、それだけではボトル入りのシャンパンにあれほどきめ細かい泡は立たない。そのため、ワインを瓶詰めするとき、「リキュール・ド・ティラージュ」と呼ばれる、ワインと酵母と糖を混ぜたものを加える必要がある。この工程を二次発酵と呼ぶ。「ボトル・コンディショニング」とも呼ばれ、ビールやシードルにも瓶内二次発酵をさせたものがある。

The Basic Steps in Making Wine
ワイン造りの基本の手順

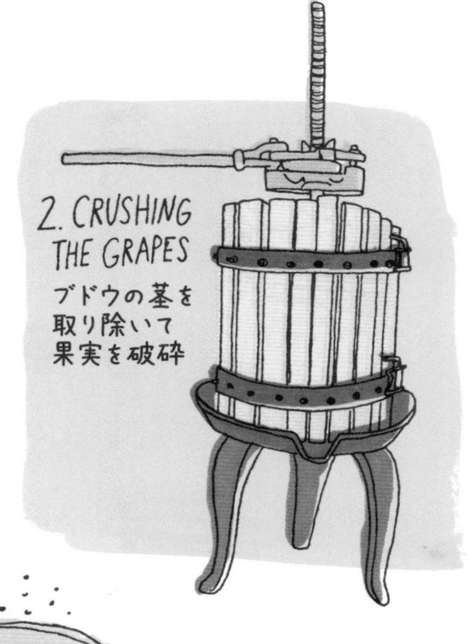

3. MACERATION
浸漬（マセレーション）

ブドウの果皮、種子、果肉を発酵果汁に浸漬（しんせき）させる。この工程によってタンニン、色、風味がにじみ出る。

白ワインは通常、白ブドウから作るが、赤ワインのように黒ブドウからも作ることができる。ただし、果皮は使用しない。ロゼワインを作る場合は、ほんの数時間だけ浸漬をおこなう。

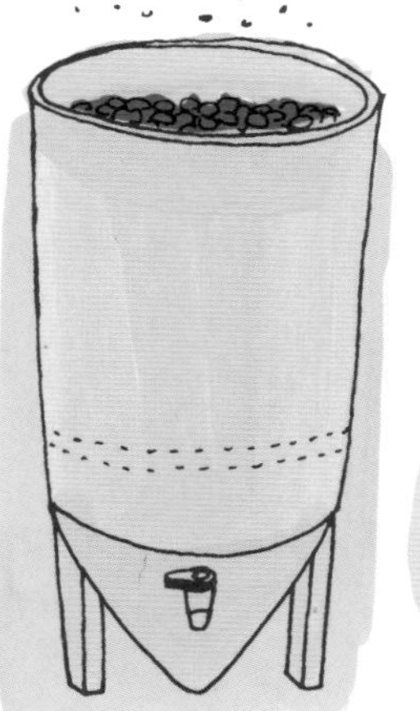

4. FERMENTATION
発酵

SUGAR + YEAST
糖　酵母

↓

ALCOHOL + CO_2
アルコール　二酸化炭素

5. AGING 熟成

熟成によって、ワインのアロマ、色、味わいがよくなる。
この段階で使われる容器には、さまざまな種類がある。

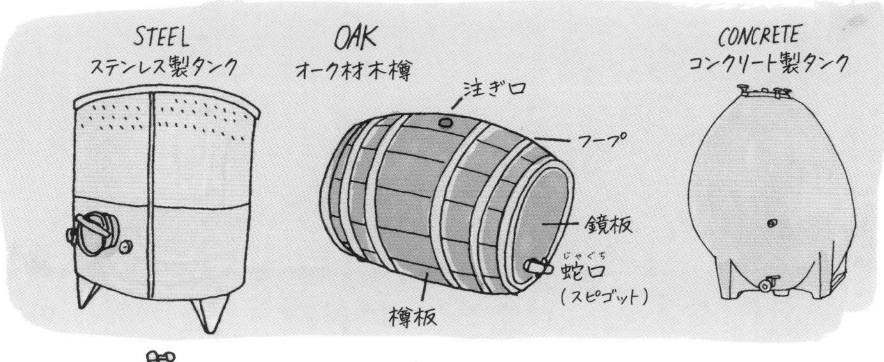

6. RACKING 滓引き（ラッキング）

発酵を終えたワインは濁っているため、静置して不純物を沈殿させ、引力を利用して上澄みを別の樽に移し替える。この工程によってタンニンが和らぎ、ワインのアロマが引き出される。

7. FILLING & CORKING 瓶詰め＆コルキング

人工樹脂で作られたコルクで栓をしたワインは、立てた状態で保存できる。天然コルクで栓をしたワインは、コルクが乾き切らないようにボトルを寝かせて保存する。

WINE TASTING
ワイン・テイスティング

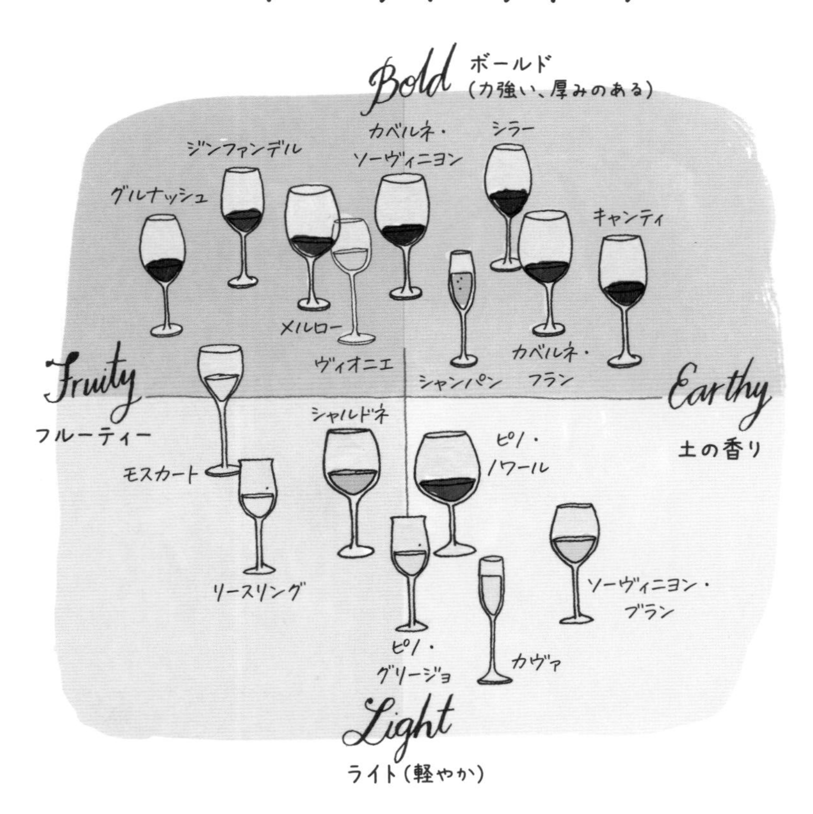

PARTS OF A GLASS
ワイングラスの部位名称

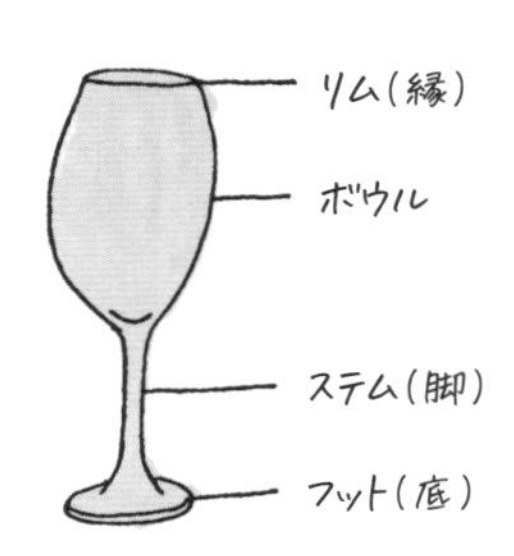

QUICK TERMS テイスティング用語

BODY ボディ… ワインの味わいやコク
(ライト、ミディアム、フル)

CRISP クリスプ… きりっとした酸味のある

DRY ドライ… 辛口

EARTHY 土の香り… 大地や森林を思わせる風味

FIRM 腰の強い… タンニンと酸のバランスが良い

NOSE ノーズ… 鼻で感じたアロマ(香り)のこと

Distillation

蒸留

蒸留原液（もろみ）の種類や熟成のプロセス（木樽の場合が多い）が風味に影響をおよぼす。蒸留もまたしかりで、熟練の職人レベルになると、その複雑な工程は科学（サイエンス）であると同時に芸術（アート）でもある。

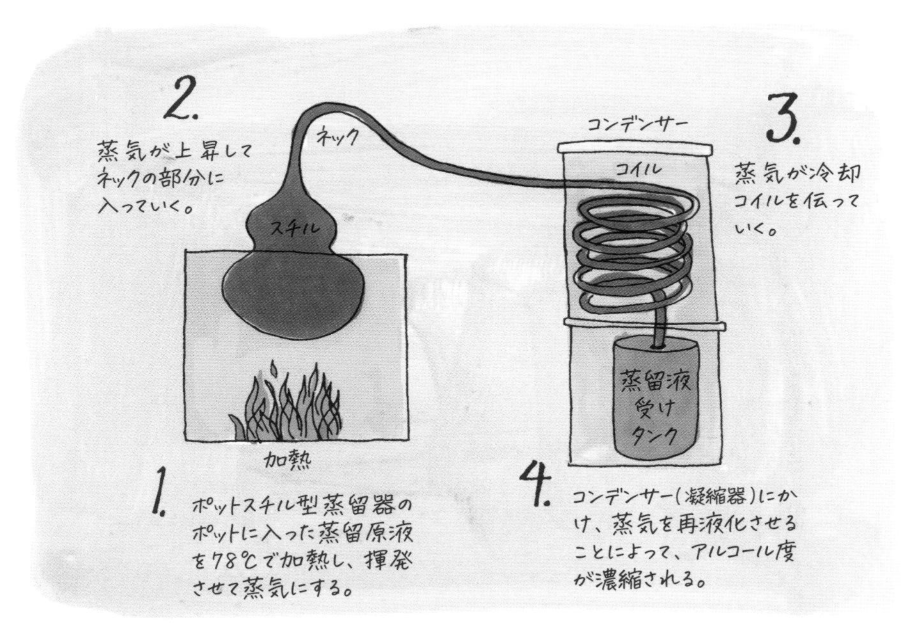

発酵させたモラセス（糖蜜） ＝ ラム酒

発酵させたトウモロコシ、小麦、ライ麦 ＝ ウイスキー

発酵させたリュウゼツランのジュース ＝ テキーラ

発酵させたジャガイモや穀物 ＝ ウォッカ

GLASSWARE
グラスウェア

The Cocktail Maker's Toolkit
カクテル作りの道具一式

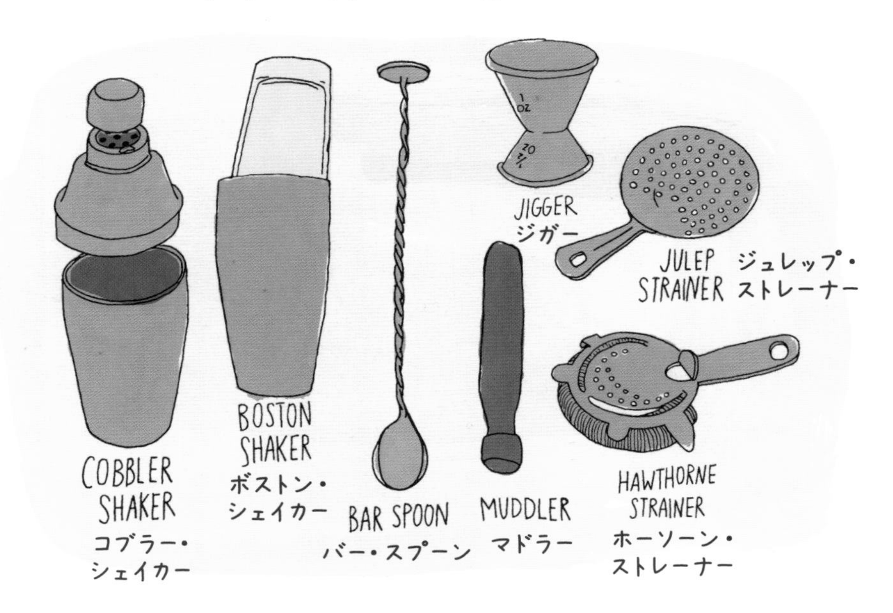

Two Mixed Drinks Every Adult Should Know:
大人なら知っておきたいカクテル2種

・1オンス＝約30ml
・1ダッシュ＝約1ml
（ひと振りの意味）

MANHATTAN
マンハッタン

ライウイスキー … 2オンス
スイートベルモット … 1オンス
アンゴスチュラビターズ［ラム酒に薬草や香草などを配合した苦味の強いアルコール飲料］
… 2ダッシュ

MARTINI
マティーニ

ドライベルモット … 1オンス
ジン … 4オンス

CHAPTER 9
Sweet Tooth
甘いもの大好き

Common Cakes

アメリカでおなじみのケーキ

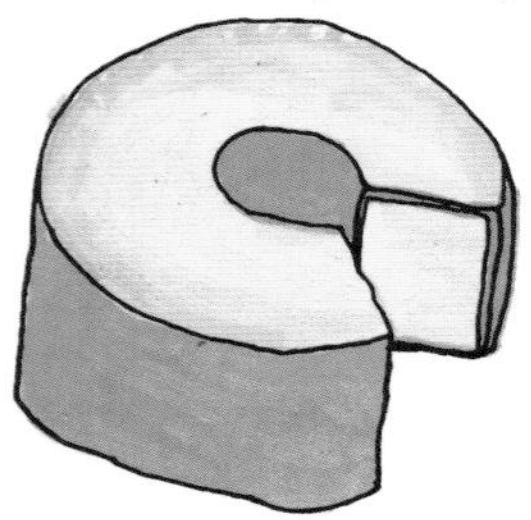

ANGEL FOOD CAKE
エンジェル・フード・ケーキ
［シフォンケーキの原型］

PINEAPPLE UPSIDE DOWN CAKE
パイナップル・アップサイドダウン・ケーキ

CARROT CAKE
キャロットケーキ

BUNDT CAKE
バントケーキ

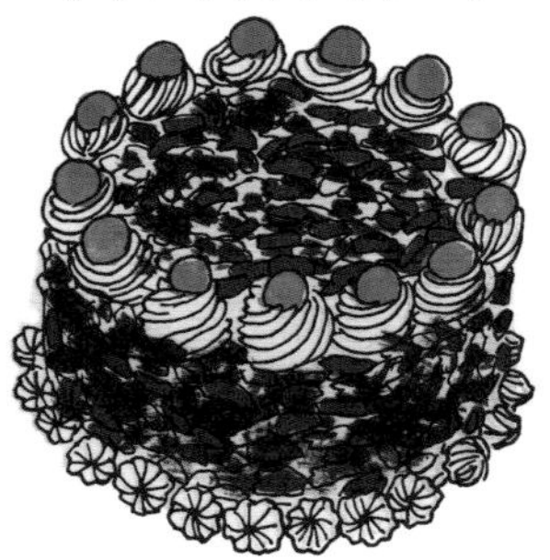

BLACK FOREST CAKE
シュヴァルツヴェルダー・キルシュトルテ
［ドイツ、黒い森のさくらんぼのケーキの意味］

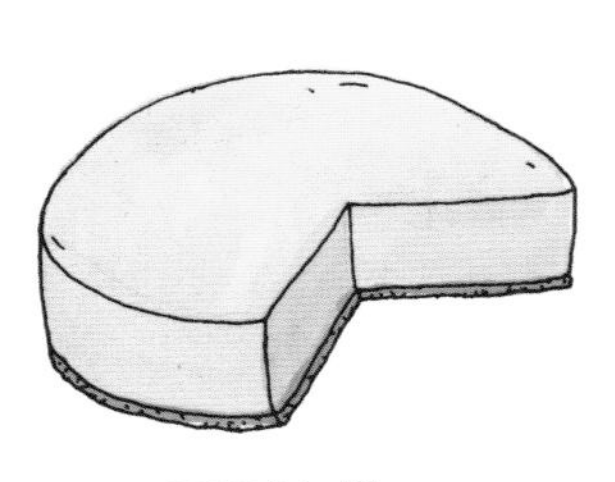

CHEESECAKE
チーズケーキ

SWISS ROLL CAKE
スイス・ロールケーキ

STRAWBERRY SHORTCAKE
ストロベリー・ショートケーキ

TORTA TRES LECHES
トレス・レチェ・ケーキ
［無糖練乳、加糖練乳、生クリームの3種類のミルクをしみこませたメキシコのバターケーキ］

MARBLE POUND CAKE
マーブル・パウンドケーキ

CAKE-MAKING TERMS
お菓子作りの用語

cake flour
薄力粉
軟質小麦から作られる、漂白された小麦粉。タンパク質含有量が少ないためキメが細かく、さっくりとした軽い口当たりになるため製菓に適している。

fondant
フォンダン
粘土のような状態のシュガーペーストで、シート状に伸ばすなど、さまざまな形に成形しやすい。

ganache
ガナッシュ
温めたヘビークリームに削ったダークチョコレートもしくはホワイトチョコレートを混ぜたもの。絹のようになめらかで、トリュフの中身や焼き菓子のコーティングに使われる。

buttercream
バタークリーム
バターもしくはショートニングに粉糖を加え、なめらかになるまで混ぜたもの。フロスティング［焼き菓子を覆う甘いクリーム状のペースト］としてさまざまな用途に使われる。

royal icing
ロイヤル・アイシング
泡立てた卵白、粉糖、レモン汁を混ぜて作る、艶と強度のある白いアイシング。着色もでき、お菓子のデコレーションに使う。

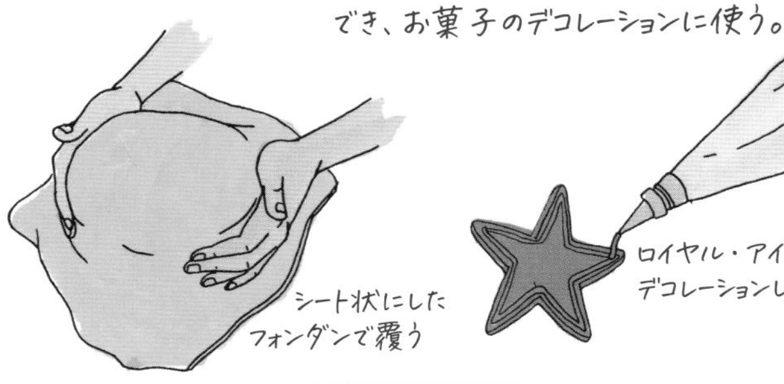
シート状にしたフォンダンで覆う

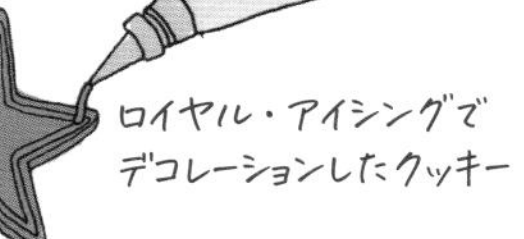
ロイヤル・アイシングでデコレーションしたクッキー

WE ALL SCREAM FOR ICE CREAM
みんなでアイスクリーム

AMERICAN, NEW YORK, OR PHILADELPHIA-STYLE
アメリカン、ニューヨーク、あるいはフィラデルフィア・スタイル

砂糖、牛乳、生クリームだけで作ったアイスクリーム。

FRENCH-STYLE
フレンチ・スタイル

カスタード（卵に牛乳・砂糖・香料を加えて加熱して凝固させたもの）をベースにしたアイスクリーム。

SOFT SERVE
ソフトクリーム

材料はふつうのアイスクリームに似ているが、乳脂肪はもっと少なく、空気を多く含ませながら攪拌する。製品温度はアイスクリームよりも高く、やわらかいクリーム状になっている。

FROZEN CUSTARD
フローズン・カスタード

ソフトクリームに似ているが、乳脂肪がより多く、使用する卵黄も多い。あまり空気を加えずに攪拌する。

GELATO
ジェラート

イタリア風アイスクリーム。乳脂肪は少なめで、ゆっくりと攪拌することにより、濃厚な粘り気が生まれる。

KULFI
クルフィ

インド風フローズンデザート。牛乳に砂糖や水を加えて煮詰めたものを凍らせた氷菓。アイスクリームとはちがって攪拌しないため、濃厚で固く、溶けにくい。

BOMBE
ボンベ

ケーキやクッキーをアイスクリームで覆うようにして型に入れ、ドーム型に成形したもの。

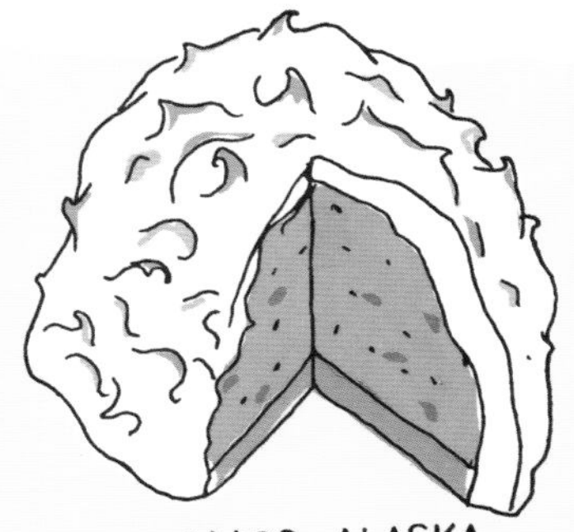

BAKED ALASKA
ベイクド・アラスカ

アイスクリームをメレンゲで覆い、高温のオーブンでさっと焼き目をつける。

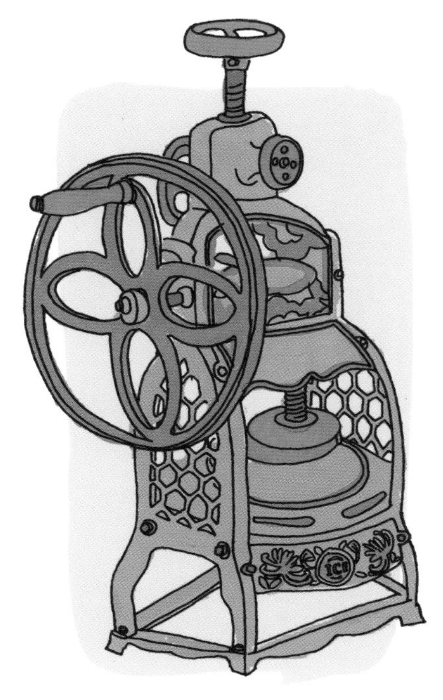

20世紀の
アジアのかき氷器

Shaved Ice
かき氷

さまざまなスタイルで、世界中で食べられているが、日本では平安時代から作られており、「かき氷」と呼ばれている。基本的な作り方は、削った氷や砕いた氷にフレーバーシロップをかける。トッピングは、コンデンスミルク、小豆、トウモロコシの実、ゼリーなど。

SUNDAE ANATOMY
サンデーの解剖図
フレーバーシロップ
フルーツやゼリー
アイスクリーム
クッキーやメレンゲを砕いたもの
KNICKER BOCKER GLORY
ニッカーボッカー・グローリー
皮の赤いスペイン製ピーナッツ
チョコレートソース
バニラ・アイスクリーム
TIN ROOF
ティン・ルーフ
素焼きのピーカンナッツ
バニラ・アイスクリーム
ホット・ファッジソース
ホット・キャラメルソース
TURTLE
タートル
刻んだパイナップル
マラスキーノチェリー
チョコレート・アイスクリーム
ストロベリー・アイスクリーム
バニラ・アイスクリーム
ホイップクリーム
チョコレートソース
砕いたピーナッツ
縦にカットしたバナナ
ボート型の器
バナナ・スプリット
BANANA SPLIT

ジンジャーブレッドは、もともとはハチミツやショウガなどのスパイスで風味付けした固めのケーキのことで、その起源は古代ギリシャにまで遡る（さかのぼる）と言われる。イラストのように、クッキー状のものに凝った装飾を施すスタイルは、12世紀から13世紀のヨーロッパで始まった。さらに、16世紀のドイツでは、ギルドに属する菓子職人たちが、その技術を工芸の域にまで高めた。

How Chocolate Is Made
チョコレートができるまで

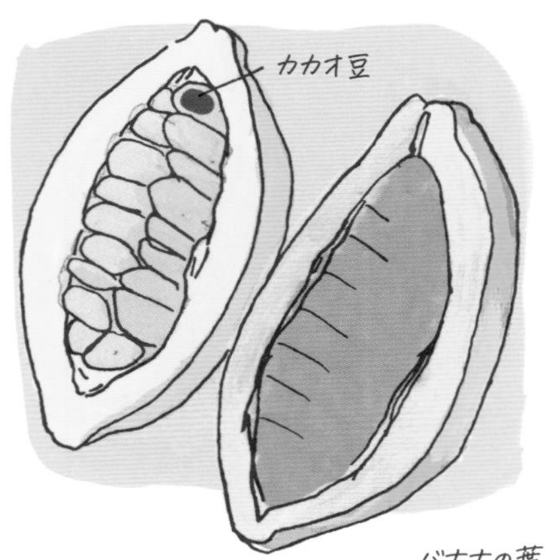

1. HARVEST 収穫

カカオの木から熟した実を採ってココナッツのように割ると、白い果肉があらわれる。その果肉のなかに入っている種子が、カカオ豆。

カカオの実

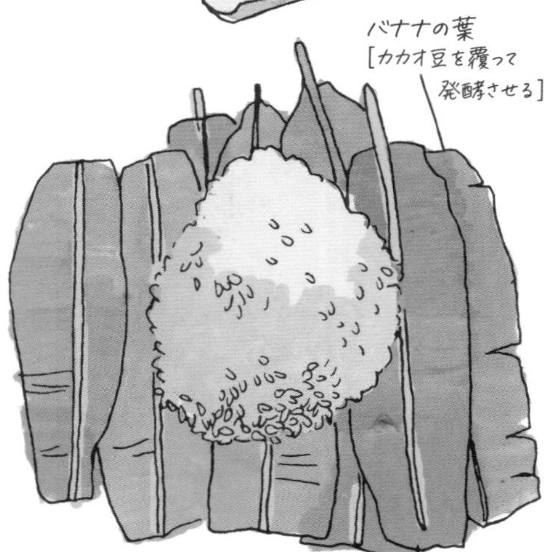

2. FERMENTATION 発酵

カカオ豆を果肉や果皮と一緒に発酵させることで、アロマや風味が生まれる。その後、乾燥させて発酵を止め、選別して、各地のチョコレートメーカーへ出荷する。

3. ROASTING 焙煎

各チョコレートメーカーの仕様に従って、低温でゆっくりと焙煎することで、独自のアロマや風味を引き出す。

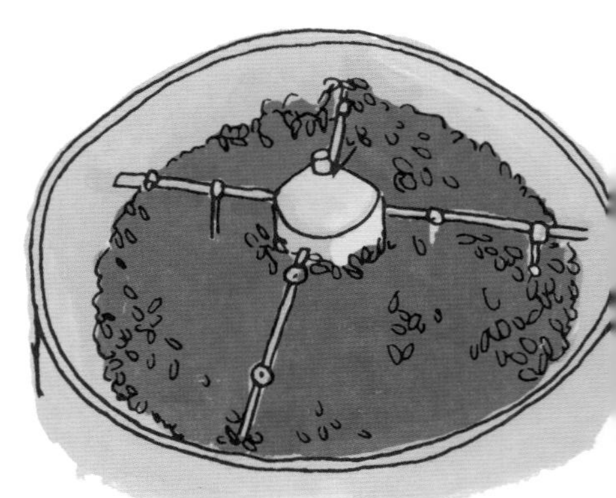

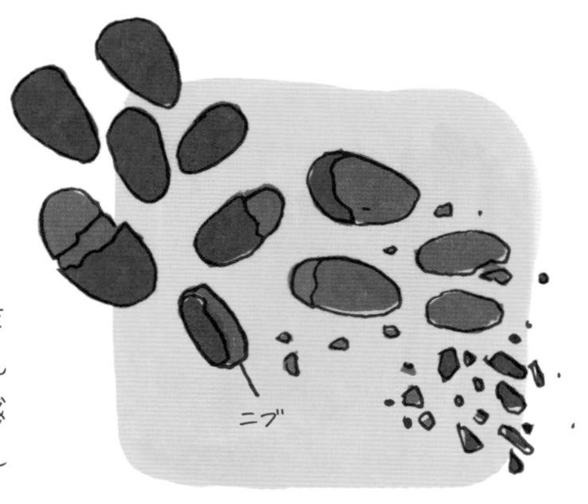

4. CRACKING & WINNOWING
粉砕・風選

焙煎したカカオ豆を粉砕し、風を送って殻を吹き飛ばすことで、殻とニブ（カカオ豆の胚乳部分）に分ける。ニブはそのサクサクした食感を生かして、デザートやデコレーションに使われることもある。

5. GRINDING & CONCHING
磨砕・コンチング（精錬）

ニブを磨砕することで、チョコレートのエッセンスとなる液体とカカオバター（脂肪分）ができる。残りの固形物はココアパウダーを作るのに使われる。コンチングの工程では、カカオの液体とカカオバター（安価な製品の場合は、それ以外の脂肪分）と砂糖を温め、数時間から数日かけてよく混ぜ、なめらかで風味豊かな液状にする。

6. TEMPERING
テンパリング

型に注ぎ入れる前に、チョコレートを温めては冷ますことを何度も繰り返すことで、艶や光沢が生まれ、ねっとりとしたチョコレートになる。

型

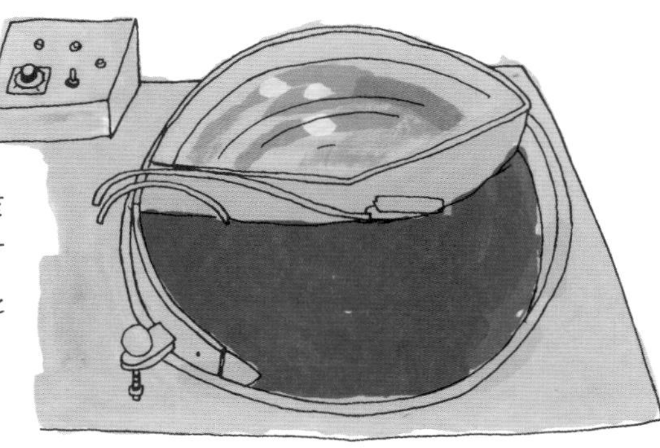

WORLDLY TREATS
世界の魅力的なお菓子

Moon Cake
月餅（中国）

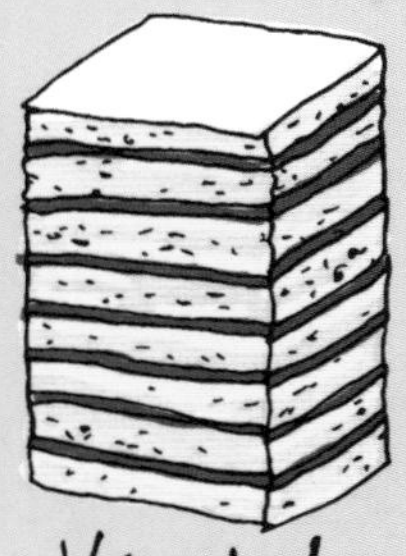

Vínarterta
ヴィーナーテルタ
（アイスランド）

Kokis
コキス（スリランカ）

Sakuramochi
桜もち（日本）

Maple Candy
メープルキャンディ（カナダ）

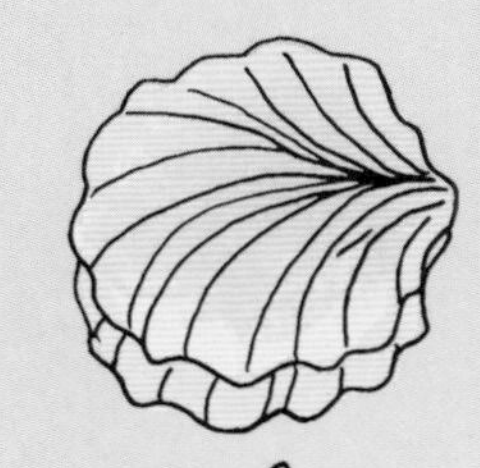

Zefir
ゼフィール（ロシア）

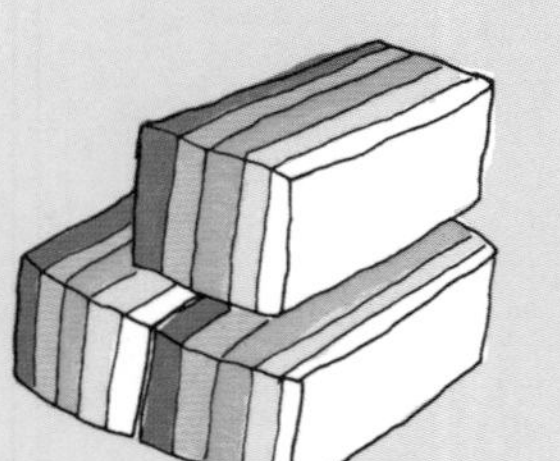

Mujigae-tteok
ムジゲトック
（韓国）

Petit Fours
プティフール（フランス）

Brigadeiro
ブリガデイロ
（ブラジル）

Gulab Jamun
グラブ・ジャムン
（インド）
Battenberg Cake
バッテンバーグ・ケーキ
（イギリス）
Kürtőskalács
キュルテーシュカラーチ
（ルーマニア）
Cassata Siciliana
カッサータ・シチリアーナ
（イタリア）
Halo Halo
ハロハロ（フィリピン）

A SPOONFUL OF SUGAR

お砂糖ひとさじで

アメリカでは一般的に、ダークブラウンシュガーやライトブラウンシュガーは、精製されたホワイトシュガーにモラセスを加えて作る。

「生」砂糖とも呼ばれる、デメラシュガーやタービナドシュガー、マスコヴァドシュガーは、サトウキビに含まれる天然の糖蜜（モラセス）を残すため、精製を最小限に控えたもの。粒の大きさや風味の強さは、それぞれ異なっている。

もっとも濃厚な風味の砂糖は、未精製のサトウキビジュースを濃縮させたもので、モラセスが豊富に含まれている。この砂糖は国々によって、パネラ、ラパドゥーラ、ジャグリー、ピロンチージョ、黒糖などと呼ばれており、すべて粒ではなく硬いブロック状になっている。

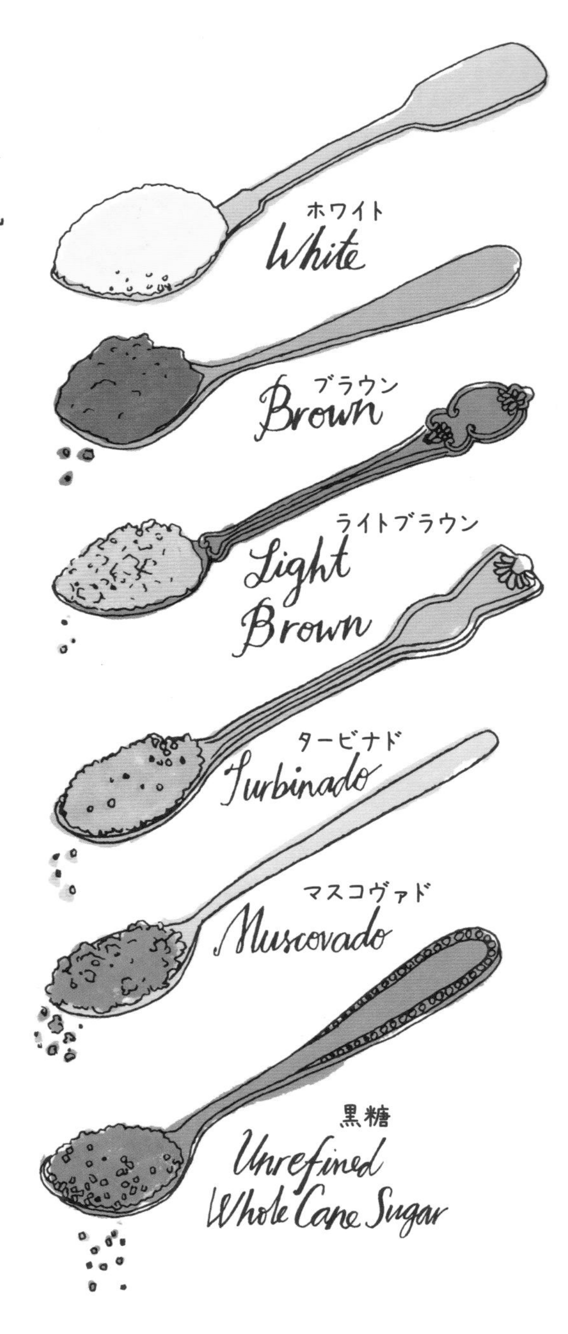

Homemade Butterscotch Sauce

自家製バタースコッチ・ソース

カラメルという用語はホワイトシュガーを褐色になるまで煮詰めたカラメルソースやキャンディ（キャラメル）を指すが、バタースコッチはそれにブラウンシュガーを用いたものを指す（ちなみに、トフィーはバタースコッチを加熱してから、冷やし固めたハードクラックキャンディ）。本物のバタースコッチにはバターを使用しなければならないが、現在のバタースコッチやカラメルのレシピは、牛乳や生クリームを加えているものが多い。

- 無塩バター … 大さじ4
- ダークブラウンシュガー … 1カップ
- ヘビークリーム … 3/4カップ
- 塩 … 小さじ1/2

1. 重みのあるソースパンにバターを入れ、中火にかける。
バターがやわらかくなって溶け始めたら砂糖を加え、
砂糖粒がムラなくしっとりするまでよく混ぜる。

2. 1をときどきかき混ぜながら、泡が立ってくるまで数分間煮詰める。

3. 2にヘビークリームを加え、ときどき泡立て器でかき混ぜながら、
ふつふつと煮立って、粘り気と艶が出るまで加熱する。

4. 塩を加える（好みによって、もう少し足してもよい）。
完全に粗熱を取ってから冷蔵庫に入れること。
2週間まで保存可能。

CANDY
キャンディ

砂糖水をそれぞれ適切な濃度まで煮詰めることで、さまざまなキャンディが作られる。水に対する砂糖の割合と煮詰める時間の長さによって工程に多少のちがいはあるが、キャンディの食感はシロップの状態からやわらかい歯ごたえのある状態へ、やがて硬くて割れやすい状態へと変化していく。それぞれの製品の適切な硬さを確認するには、小さじ1杯分の煮詰めた熱いシロップを冷水に落とす。加熱の温度によって、糸状、やわらかいボール状、硬い薄片(はくへん)など、異なる形状になる。

砂糖の状態	温度	水に対する砂糖の割合	例
ソフトボール	112-116℃	85%	ファッジ
ファームボール〔やや硬い球状〕	117-120℃	87%	ソフトキャラメル
ハードボール〔硬い球状〕	121-130℃	90%	グミ
ソフトクラック〔やわらかく弾力のある薄片〕	132-142℃	95%	トフィー
ハードクラック〔硬くて割れやすい薄片〕	146-153℃	99%	ロリポップ

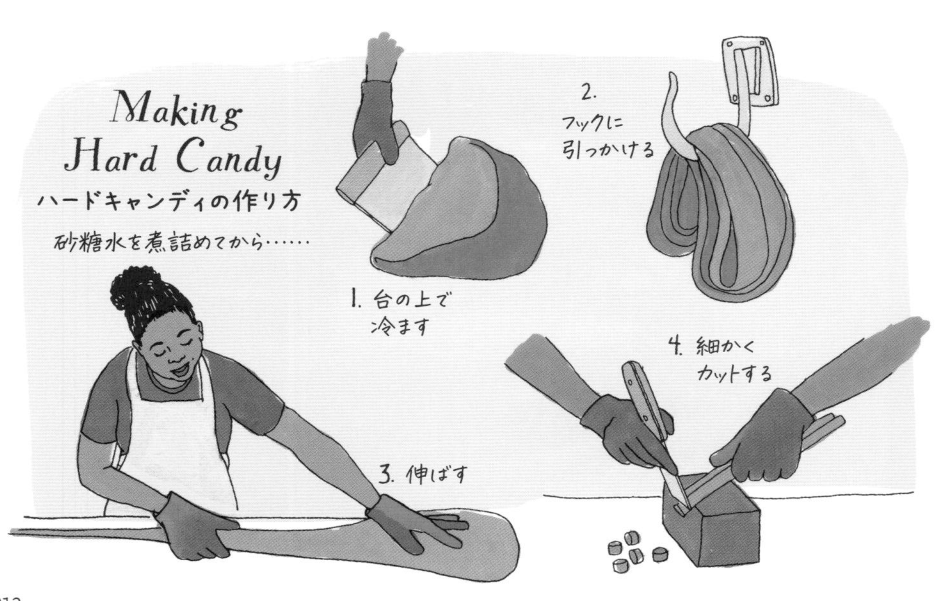

In an
OLD-FASHIONED
Candy Shop
昔ながらの
キャンディ・ショップにて
キャンディ
ボタン
Mary Jane
メアリー・ジェーン
［ピーナッツ味の
セミソフト・
キャンディ］
キャンディ・ネックレス
ワックスボトル・
キャンディ
てっぺんの部分を噛み切って、
中身のフレーバーシロップを吸ったら、
ワックスをガムのように噛む。
FREE
GREAT FLAVORS
FAT FREE
Necco
American Classic
Assorted
The original candy wafer
ネッコ
［薄いタブレット型のキャンディ］
オリジナルの味は
クローブ、シナモン、
ウィンターグリーン、リコリス。
リコリス
伝統的には、
スペインカンゾウ
（リコリス、甘草の一種）の
根のエキスとアニスオイルで
風味付けしたキャンディ。
グミのような触感で、
ひも状や渦巻き状など
さまざま。
バターミント
粉っぽい食感で
有名なこのキャンディは、
1893年から
製造されている。
コットン・
キャンディ
（綿菓子）
糸飴
（シュクレ・フィレ）
の一種。装置の
真ん中の軸を
回転させ、加熱して
液体化した砂糖を
遠心力によって飛ばすと、
空気で冷やされて
糸状に固まる。
それをからめ取ると、
綿のようになる。
アトミック・
ファイアボール
［外側は
激辛シナモン味、
中身は甘い］
キャンディ・
シガレット
STALLION
CANDY

Making Puff Pastry

パイ生地を作る

プラスチックフィルムやアルミ箔や紙などを貼り合わせて層にすることを「ラミネート」というが、製菓では生地にバターや乳脂肪を混ぜながら、折り込んでいく工程を指す。薄い生地を繰り返し折り込むことで、何層にも重なった、さくっとした食感の繊細な生地ができる。

バター
生地
折りたたんだ生地
業務用
生地シーター

PASTRY
TOOLS
製菓道具
オフセット・
アイシングスパチュラ
ベーキング用
ウィスク
ペストリー
カッター
絞り袋と
絞り口金のセット
ペストリーブレンダー
ケーキの焼き型
(シャルロット)
フォンダン用
ボールツール
プティフールの焼き型
ホイール生地カッター
ダブルボイラー
(湯せん用二重鍋)
チョコレート用
スパチュラ
カンノーリ型
スクレーパー

SOFT SWEETS AROUND THE WORLD
世界のやわらかいスイーツ

WHITE NOUGAT
ホワイトヌガー

素焼きのナッツ、泡立てた卵白、フルーツの砂糖漬け、砂糖またはハチミツで作る、噛みごたえのあるお菓子。イタリアやスペインのクリスマス菓子。アメリカではチョコバーの中身。

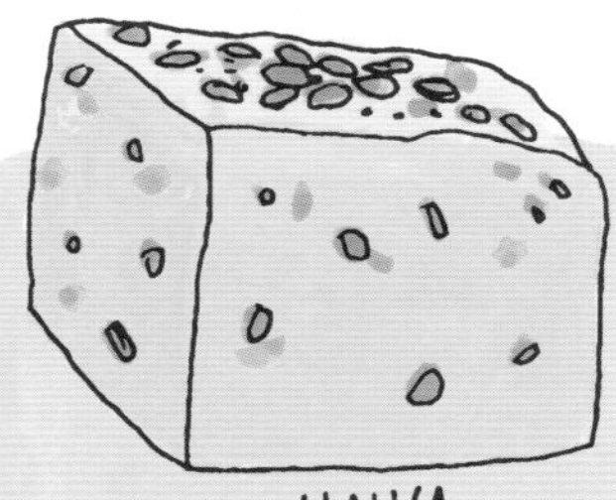

HALVA
ハルヴァ

中東、アジア、東南ヨーロッパで見られる、濃厚なお菓子。材料はさまざまで、おもにセモリナ粉、ゴマ、フルーツ、卵、ナッツなど。

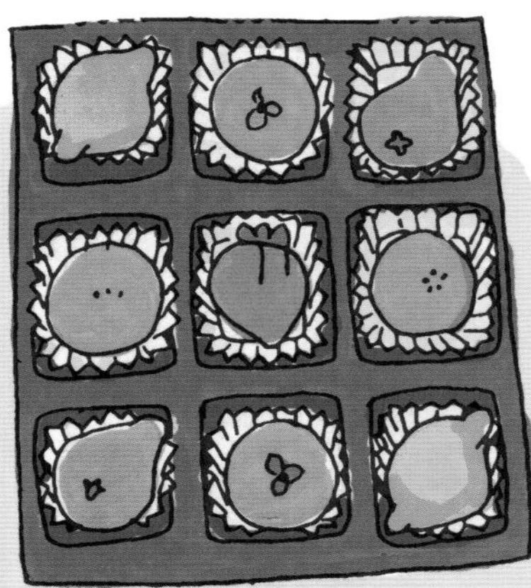

MARZIPAN
マジパン

アーモンド粉、砂糖、卵などで作ったペーストを着色し、フルーツや動物など象(かたど)った形に仕上げたお菓子。世界中で作られ、さまざまな名称で呼ばれており、クリスマスケーキのデコレーションにも使われる。

DODOL
ドドル

ココナッツミルク、天然ブラウンシュガー、米粉で作るトフィーのような食感のお菓子。東南アジアじゅうで売られており、何十種類ものフレーバーがある。

MARSHMALLOW
マシュマロ

砂糖を水分がなくなるまで煮詰め、ゼラチンもしくはアラビアガムを混ぜたものを、泡立てた卵白に加えたもの。古代エジプトでは、ウスベニタチアオイ（英語名：マーシュマロウ）の根のエキスを使って、これに似たお菓子を作っていたが、現在ではその製法は用いられていない。

BARFI
バルフィ

コンデンスミルクと砂糖をねっとりするまで煮詰めてから冷やし、小さくカットした南アジアのお菓子。形はもちろんフレーバーも、ニンジン、マンゴー、ココナッツ、ピスタチオ、カルダモン、ローズウォーターなどバラエティに富んでいる。

TURKISH DELIGHT
ロクム

トルコの伝統菓子で、オスマントルコ帝国時代から作られ、領土中に広まった。砂糖と水を加熱し、コーンスターチなどのデンプンを溶き入れ、ナッツなどを加えて冷やし固め、四角くカットする。ローズウォーターで風味をつけ、粉糖をまぶしたものが多い。

American Pie
アメリカン・パイ

1. BANANA CREAM バナナクリーム　グラハムクラッカーで作ったサクサクの生地に、カスタードクリーム、その上にホイップクリームをのせ、スライスしたバナナをトッピング。

2. SOUR CHERRY サワーチェリー　格子状に編みこんだパイ生地をかぶせてある。

3. LEMON MERINGUE レモン・メレンゲ　レモンカードのフィリングにメレンゲ（泡立てた卵白に砂糖・香料などを加えたもの）をトッピング。

4. CHOCOLATE CHESS チョコレート・チェス　アメリカ南部スタイルのカスタードパイ。ココアパウダーで風味をつけ、カラメルでコクを出している。

5. GRASSHOPPER グラスホッパー　フィリングはミント風味のホイップクリームで、砕いたチョコレートクッキーを散らしてある。

6. BEAN ビーン　マッシュした白インゲン豆とカスタードクリームで作る甘いパイ。

7. DOUBLE CRUST APPLE ダブルクラスト・アップル　焼きリンゴに適したリンゴで作るのが最高。

8. PECAN ピーカン（ペカン）　卵、バター、ダーク・コーンシロップまたはモラセスを混ぜ合わせたフィリングに、ホールのピーカンナッツをトッピング。

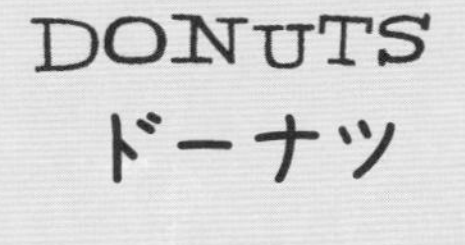

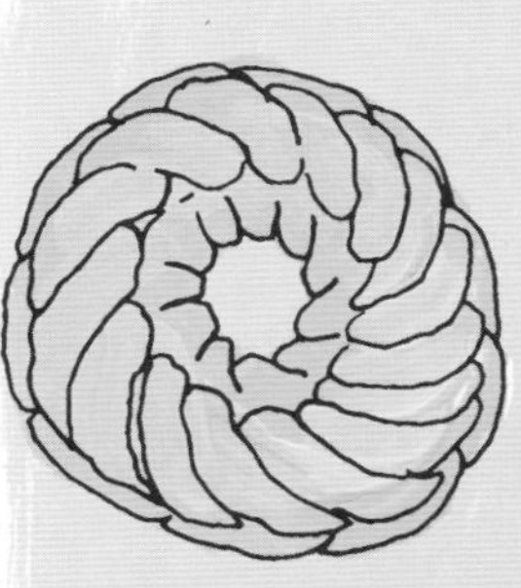

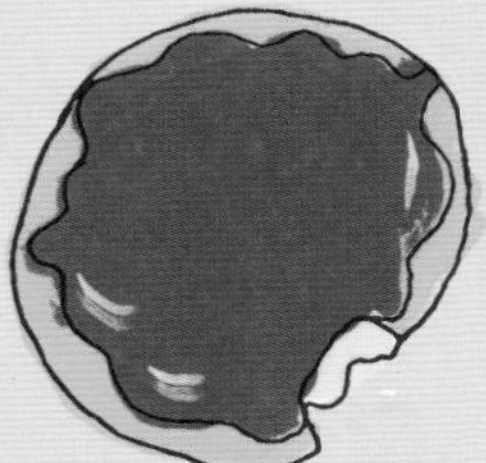

CAKE
ケーキ

BEAR CLAW
ベアクロウ〔クマの手〕

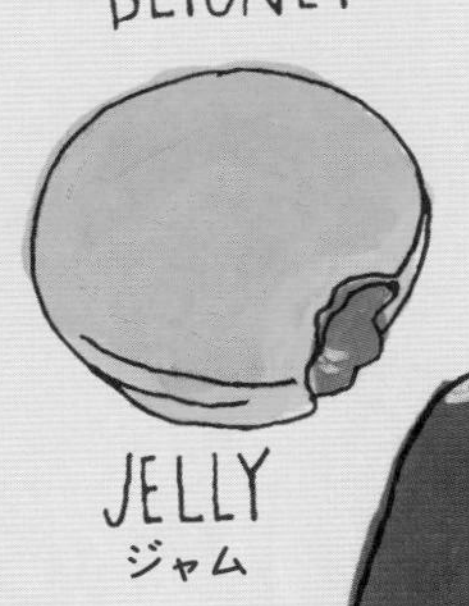

APPLE FRITTER
アップルフリッター

LONG JOHN
ロング・ジョン

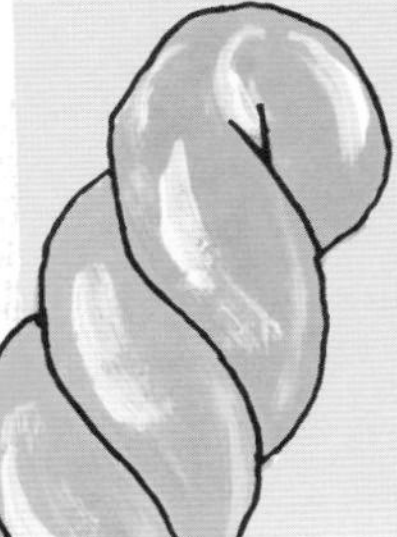

*アメリカ北東部では「ジミー」と呼ばれる。
丸いものにはカラフルな砂糖粒がかかっている。

THE FORTUNE COOKIE
フォーチュン・クッキー

世界中に移り住んだ中国の人びとが経営するレストランで食後に出される、おみくじ入りのさっくりとした小さなクッキー——その歴史についてはよくわかっていない。

カリフォルニアの数名のパン職人(ほとんどは日本人)は、1900年代にアメリカで最初にこのクッキーを焼いたのは、自分たちだと主張。たしかに、京都ではよく似たお菓子が昔から作られている。ひとつだけ確かなことは、もともと中国ではフォーチュン・クッキーは食べられていなかったということ。

食べることが好きな人に悪い人はいない。——ジュリア・チャイルド

食べ物への愛より正直な愛はない。——ジョージ・バーナード・ショー

カリフラワーも大学教育を受けたキャベツに過ぎない。——マーク・トウェイン

なにをするにせよ、まずは腹ごしらえ。——M.F.K.フィッシャー

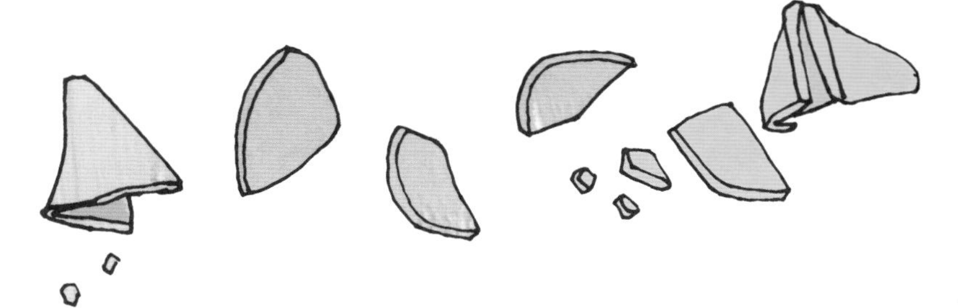

THANK YOU
感謝をこめて

このシリーズの本は、制作に1年以上かかります。膨大なリサーチや編集、作画、彩色に手間がかかり、レイアウト作業には多くの人の手を借りる場合もあります。

まずは、本書の制作パートナーであるレイチェル・ウォートンに感謝します。彼女以上のパートナーは望めなかったでしょう。彼女は仕事がスムーズに楽しく進むように計らってくれ、きっちりと調べ物をこなして魅力的な情報を集め、イラストと合わせる文案を作成してくれました。

担当編集者のリサ・ハイリーは、つねに根気よく、仕事が順調に進むように導いてくれます。そして、ストーリー社のすばらしい仲間たち。一緒に仕事をするようになって、もう何年にもなりますが、友人と呼んでもよいでしょう。デボラ・バルムース、アリシア・モリソン、マリベス・ケイシーをはじめ、あの和やかなオフィスのみなさんにお礼を申し上げます。

私の優秀なアシスタント、イーロン・ヘアーにも感謝します。彼はいつも私の隣で彩色をし、仕事を整理したり、アイデアを出したりして助けてくれました。

ミラ・エヴニンは最初のころのブレインストーミングに協力してくれ、私を食べ物の世界へつなぎとめてくれました。

ジム・ダッツはアジアン・マーケットへ私を連れ出し、見事な案内役を務めてくれました。

「ケールの手揉み［オリーブオイル、レモン汁、塩でケールの葉をよく揉むとやわらかくなり、苦味が和らぎ、ほのかな甘みが出る］のプロ」のジェニーと「スイーツ評論家」のマットは、公私にわたってさまざまなことを教えてくれました。

グレタ・キーンは私が最大の問題にぶつかって困り果てていたとき、乗り越えるための最善の解決策を教えてくれました。

両親と妹には、家族としていつもしっかりと私を支えてくれることに感謝します。

ピルヨとエスコ・ムストネンのふたりは、私を温かく家に迎え入れてくれ、フィンランドの伝統的な料理を教えてくれました。そしてアリ・コルホネンのところでは、イチゴ摘みをさせてもらいました。

最後に、サントゥ・ムストネンに感謝を込めて本書を捧げます。私に食べるということの本当の意味を教えてくれた、刺激とインスピレーションの源のようなひとです。

文・絵

ジュリア・ロスマン

ニューヨーク市ブルックリン在住のイラストレーター。本や雑誌、新聞のほか、壁紙、文具、地下鉄ポスター、ファブリック、食器など、多くの分野にイラストが採用されている。2017年米国イラストレーター協会賞など、受賞多数。本書を含むANATOMYシリーズは大人気のベストセラーとなり、ニューヨークタイムズ、ボストン・グローブ紙などで高い評価を得ている。

協力　レイチェル・ウォートン

訳者

神崎朗子

翻訳家。上智大学文学部英文学科卒業。訳書『存在しない女たち』キャロライン・クリアド＝ペレス、『食事のせいで、死なないために』マイケル・グレガー／ジーン・ストーン、『フランス人は10着しか服を持たない』ジェニファー・L・スコット他多数。

FOOD ANATOMY フード・アナトミー
食の解剖図鑑
世界の「食べる」をのぞいてみよう

2021年10月25日　第1刷発行
2023年7月10日　第2刷発行

著　者――ジュリア・ロスマン
訳　者――神崎朗子
発行者――佐藤 靖
発行所――大和書房
東京都文京区関口1-33-4 〒112-0014
電話 03-3203-4511

装　丁――塙 美奈（ME&MIRACO）

印　刷――歩プロセス
製　本――ナショナル製本

ISBN 978-4-479-39372-6

http://www.daiwashobo.co.jp